JN439497

너에게로 가는 중

수필로 쓰고 시로 읽는

박영배 · 우희정 컬래버 작품집

소소리

너에게로 가는 중

박영배 · 우희정 컬래버 작품집

1판 1쇄 인쇄/ 2024년 4월 20일
1판 1쇄 발행/ 2024년 4월 22일

지은이 / 박영배 · 우희정
펴낸이 / 우희정
펴낸곳 / 도서출판 소소리

등록 / 제300-2007-21호
주소 / 03073 서울 종로구 성균관로 5길 39-16
전화 / 765-5663, 010-4265-5663
e-mail: sosori39@hanmail.net
www.sosori.net

값 14,000원

*잘못된 책은 바꿔드립니다.

ISBN 979-11-5891-201- 7 03810

수필로 쓰고 시로 읽는

너에게로 가는 중

박영배 · 우희정

수필로 쓰고 시로 읽는

수필가와 시인이 의기투합하였다. 산문인 수필을 텍스트로 하여 운문인 시로 변형시키는 작업, 이 같은 새로운 시도는 한뎃잠을 자던 작은 돌산이 운해를 뚫고 솟아 하늘을 만나는 순간처럼 가슴 떨리는 일이다.

한 편의 수필을 서정성 짙은 운율로 읽으며 문학의 색다른 향기에 취해볼 수 있다면 좋겠다는 바람에서 기획되었다. 수필에 살짝 운율을 입히면 시의 섬세한 감성으로 해석되고, 남모를 간절함으로 바위틈을 비집고 밀어낸 시의 꽃대궁을 서사적 언어로 타고 오르면 수필의 그윽한 문체로 읽히는 작품을 만들어 보려고 하였다.

산문이든 운문이든 그 안에 문학적 변용의 여백을 품고 있다면 예술성이 풍부한 작품일 것이다. 더러는 한 사람이 같은 소재로 시와 수필을 쓰기는 하지만 각기 다른 개성을 가진 이들의 컬래버가 어떤 느낌일까는 독자의 몫으로 돌릴 수밖에 없다.

천지에 꽃향기가 분분한 봄날 마무리된 이 작업이 읽는 이들에게 다소 낯설 수도 있겠으나 모쪼록 의미 있는 모습으로 각인되었으면 한다.

2024년 봄

저 자

▷ 차 례

1.

박영배

우희정

2.

박 영 배 / 우 희 정

3.

4.

박영배

1.

병점역에서

천안행 전철
차창에 새겨진 흔적들

'30년 전통 선짓국'
빨간 벽돌 교회당 문간판 바꿔 달고

아비 찾아 나선
계집아이 하나 보인다

천 리 길
어린 가슴 할퀴는

간이역
저 핏빛 노을

노선 잃은 철길에 얹혀
세월의 불친절한 이방인이었을 뿐

내 어디쯤 와 있는가
다시 병점에서

저녁해의
짧은 작별의식처럼

선짓국집 붉은 휘장이 깃발처럼
나부끼고 있다. 박

* 수필 「다시 병점」

다시 병점

지난 주말 예정에 없던 천안행 전철을 탔다. 천안의 최선생님은 자신도 서울시민이라고 자처하신다. 그 이유가 전철 한 번만 타면 서울로 입성이니 이게 바로 같은 생활권의 시민이 아니냐는 것이다. 최선생님의 자랑에 다분히 영향을 받아 반나절 나들이 길에 올랐다.

전철이 도심을 벗어나자 차창으로 스치는 풍경이 마치 긴 여행이라도 떠나는 양 기분을 들뜨게 했다. 바로 그때 새로 지은 큰 역사가 눈길을 끌었다. '병점역'이었다. 나는 내 눈을 의심하여 다시 한 번 확인했지만 틀림없는 병점역이었다. 초라하고 쓸쓸하던 간이역 대신 현대식으로 웅장하게 지어진 건물에 격세지감을 느끼지 않을 수 없었다.

병점역. 그곳에는 열다섯 살의 내가 있기 때문이다. 주소 하나 달랑 들고 아버지를 찾아 천릿길을 가던 소녀가 있는 까닭이다.

어느 봄날, 갈 길은 아직도 먼데 생텍쥐페리가 사막에 불시착을 했듯 나는 그곳에 떨궈졌다. 전날 어스름 무렵 나는 마산역을 출발했었다. 삼랑진에서 열차를 바꿔 타고 장장 10시간 만에 도착한 서울. 다시 신탄리행을 타야하는데 남행열차를 잘못 타는 바람에 병점역에 내동댕이쳐지듯 내릴 수밖에 없었던 것이다. 그것도 한 번도 아닌 두 번씩이나 똑같은 실수를 해가며….

못내 걱정스러운 기색인 할아버지와 이모에게 웃어 보이기까지 하며 내 꿈을 좇아 열차를 탔지만 세상살이가 그렇게 호락호락하지 않다는 것을 그날 소소리바람이 어린 가슴 할퀴던 그곳에 앉아 뼈저리게 느껴야 했다.

꽃샘추위가 귓불을 에던, 특급열차는 애당초 서지 않는 간이역. 온종일 나를 붙잡아 둔 그곳의 핏빛 저녁놀, 그 처연한 빛깔이라니. 하루의 고단한 여정을 접고 양산봉 너머로 지며 나를 더 서럽게 하던 해의 이별의식, 태양도 안식을 위해 숲 속으로 스며드는데 갈 곳 잃은 내 심정은 막막하기만 했다. 그날 이후 아주 오랫동안 저물 무렵 노을빛만 보아도 전신을 엄습하던 오슬오슬한 한기.

내 의식 속에 오롯이 들앉은 그날의 황당함이 아직 생생한데 그곳에 세워진 웅장한 현대식 역사가 예사롭지 않음은 당연한 일일 것이다.

옛 모습 간데없는 느치미마을도 하늘을 찌를 듯 솟아있는 아파트 이름으로만 남아있다. 교회당이던 역 앞의 빨간 벽돌 건물만이 유일하게 이방인처럼 예전 모습 그대로 서 있다.

다만 '30년 전통 선짓국' 간판으로 바꿔 달고서.

내 인생의 첫 출발점이었던 병점의 변모만큼 나 또한 많이 변했다. 간간이, 그러나 내가 느끼기엔 자주 나를 당혹케 하던 장애물들. 그 간이역에서처럼 황망한 상황 앞에 나는 매번 온몸을 떨어야 했다. 자신이 바라는 것은 이루어지지 않고, 우연히도 나쁜 방향으로만 전개되는 '머피의 법칙'이 내 경우인가 생각될 정도였다.

그러나 잃는 것만 있으랴. 장애물에 자주 부딪히다 보니 고통 속에서 살아남는 방법을 나름대로 터득할 수 있었다. 사람의 한뉘가 기쁨만으로 가득 찰 수는 없지 않은가. 우주 자연의 생성근본원리이며, 창조적 우주관을 담고 있다는 태극문양도 오르막과 내리막이 있듯이 불운이 지난 다음엔 그만한 대가의 행운도 따른다는 이치를, 불운의 부피가 큰 만큼 그 상황을 극복하고 난 뒤의 성취감 또한 크다는 것을 알았다. 도리어 그 모든 것이 섞여 나를 자라게 하는 자양분이 되었음도….

어려서부터 약간의 총기 때문에 주위분들의 귀여움을 많이 받았다. 칭찬에 우쭐하여 내 뜻대로 세상이 굴러가려니 했던 때가 있었다. 어른들이 무조건 내 편이 되어 치켜 주는 바람에 내 생각이 항상 옳거니 여겼고 당연히 모든 결과도 성공적일 것이라 믿어 의심치 않았다. 산처럼 높고 견고해 보이는 외할아버지가 든든한 나의 보루였으니 무서울 게 무에 있었겠는가. 그러니 인생길이 순탄했더라면 한없이 교만해져서 나밖에 모르는 이기적인 사람으로 성장했을지도 모른다. 어려운 처지의 사람에게 조금이나마 짠한 마음을 가질 수 있음은 불운이란 이름으로 내 앞에 서던 그 상황들이 나를 성숙시킨 탓이리라.

세월의 둘레를 세 바퀴쯤 돌아 다시 병점에 선 지금 과연 나는 어디쯤 와있는가 되돌아보게 된다.

30년 전통의 선짓국집 붉은 휘장이 깃발처럼 나부끼고 있다. 우

울음이 타는 강

도시를 떠났지요 가파른 고개를 넘어 좁아지는 길로 들어서면 돌아오지 않는 강을 건넌 영혼들이 모여 사는 동네가 나타납니다 단풍으로 붉게 물든 앞산이 처연하게 다가오지요 어린 나를 지탱해주던 할아버지의 갑작스러운 죽음은 얼마나 견디기 힘든 슬픔이던지요

삶과 죽음이 이런 것일까요? 골바람 한 자락 지나며 나뭇잎을 떨어트립니다 할아버지 봉분에 기대어 꽃구름의 신비에 취해 눈 감아봅니다 저승인가 싶은데 산새 우는 소리에 놀라 눈 떠보면 다시 이승이지요

사는 일에 의문이 생길 때마다 강 하나를 넘나들었지요 강을 건너 다시는 돌아오지 않을 것처럼 할아버지 고향을 찾았지요 그러나 떠날 때의 암담함과는 달리 돌아올 때의 그 수굿함을 어떻게 설명해야 좋을까요

열차를 탔습니다 레일을 구르는 금속성 소리로 물비늘

반짝거리는 날갯짓으로 강을 넘고 싶었지요 나를 기다리던, 눈시울 붉어진 강이 늑골을 때리며 전해주는 가쁜 숨소리가 그 꿈틀거림이 살아있는 날의 황홀한 울림이라고 나의 자리로 다시 돌아오며 온몸으로 확인하고 싶었지요, 이 가을에…. 박

* 수필 「돌아오지 않는 강」

돌아오지 않는 강

좌석을 배정 받고 시간이 남아 공항 전망대에 올랐다. 서서히 어둠이 깔리기 시작하는 바깥 풍경은 내 기분과는 다르게 다분히 감상적이기까지 하다. 좌측 하늘에서 유난히 반짝이는 별 하나가 점점 가까이 다가오고 있다. 가까워지던 별이 두 개의 작은 별을 거느리더니 형체를 드러낸다. 착륙하는 비행기다.

익숙해져 있던 것에서의 탈출, 미지를 향한 호기심으로 가슴이 설렌다.

가을은 어딘가로 막연히 떠나고 싶은 계절이다. 그러나 여행은 돌아올 곳이 전제되어 있어야 마음이 놓인다.

우리 모임에서 항상 싱그러운 웃음을 보여주던 한 남자가 이 가을 속으로 긴 여행을 떠났다. 추억을 남기고 돌아오지 않는 강을 건너 떠난 그는 영영 우리 곁으로 돌아오지 않을 것이다. 살아남은 우리는 눈물 흘리고 애절해 했지만 정작 그는 말이 없었다.

그가 떠나고 난 뒤 나는 내내 우울하여 어딘가로 떠나고 싶어 길을 나섰지만 마땅히 갈 곳이 없다.

1시간도 안되어 비행기는 고향 근처 공항에 날개를 접었다.

객지의 여관방에 누워 돌아오지 않는 강을 건넌 또 한 사람, 할아버지를 떠올렸다.

내 정신적 지주이던 할아버지의 죽음은 내겐 크나큰 슬픔이었다. 나를 지탱해 주던 기둥 하나가 넘어진 듯 견디기 힘들었다. 살아 있는 사람들의 말을 위안 삼는 사이 시간은 흘러 나는 차차 일상으로 돌아왔으나 이런 계절이 오면 다시금 아픔이 솟곤 한다.

사랑의 환희도 이별의 슬픔도 처음과 똑같은 느낌이라면 필시 미쳐버릴 것이라고 누군가 얘기했었다. 인간에겐 이렇듯 시간이란 묘약이 있어 슬픔의 빛깔을 엷게 한다고 하지 않던가.

할아버지가 계신 동네를 찾아 들었다. 가파른 고개를 넘어가다 꺾어들던 옛길은 새길에 밀려 연인들의 드라이브코스로나 이용될 뿐 한적하기 그지없다. 정적감 묻은 바람 한 자락이 지나가며 낙엽을 떨어트린다. 내려다뵈는 아래 새로 뚫린 터널 속으로 무심히 차들이 빨려들고 있다.

내리막길을 지나 좌측 좁은 길로 들어서자 이내 다른 세상이 펼쳐진다. 망자들이 오밀조밀 모여사는 동네. 초가를 연상하는 낮은 봉분들이 촘촘히 들어앉아 서로를 의지하고 있다. 오랜만에 들렀더니 비바람에 씻긴 무덤이 더 낮아 보인다. 앞산을 물들인 단풍색깔이 처연하도록 아름답다.

봉분 사이에 드러누워 하늘을 보았다. 넉넉하게 품어 안는 가을 햇살이 따스하다. 가라앉는 기분을 추슬러 주는 하얀 새털구름의 아늑함에 취해 스르르 눈을 감으니 저승인가 싶고 살포시 눈을 뜨면 이승이다. 삶과 죽음이 바로 이런 것일까.

두고 떠나온, 내가 살던 도시의 한 풍경이 떠오른다.

창경궁 홍화문(弘化門) 건너편에는 택시기사들의 쉼터가 있다. 말이 쉼터이지 그곳은 본시 화장실이다. 화장실 벽을 의지해 커피장수가 있고 단골인 그들은 길가에 쭈그리고 앉아 컵라면을 먹거나 커피를 마시며 잠깐의 휴식을 취한다. 하필 화장실 앞인가 하겠지만 언필칭 담장 너머는 영안실이다.

담장 하나를 사이에 두고 생과 사가 갈린다. 어둠의 저쪽으로 사라져가는 사람들을 아랑곳없이 담장 이쪽의 사람들은 사는 동안 열심히 살아간다. 그들도 언젠가는 떠날 것이지만 아직까지는 하루에도 몇 번씩 '돌아올 수 있는 강'을 넘나들 수 있으므로 느긋한 것이다.

죽음은 본향으로 돌아가는 것이라고 한다. 생을 마감하는 날 내가 태어날 때 떠나온 그곳, 저승에 돌아갈 자리가 있다고 하더라도 아직까지의 내 자리는 바로 도시의 한 귀퉁이, 내 가족이 날 기다리고 있는 곳이다. 나를 기다리는 사람들이 있고 돌아갈 곳이 있다는 것은 또 얼마나 안심되는 일인가.

나는 그동안 수없이 한강을 넘나들었다. 사는 것에 의문이 생길 때면 그 책임이 이 도시에 있는 것처럼 다시는 돌아오지 않을 양 훨훨 떠났다. 그러나 매번 길게는 몇 개월 짧게는 며칠 만에 돌아왔다. 떠날 때의 암담함과는 달리 돌아올 때의 그 수굿함을 어떻게 설명해야 좋을까?

다시 돌아온 눈으로 바라본 한강은 마치 어렸을 때 느끼던 포근한 엄마의 품속 같은 아늑함이었고 물비늘 위로 반짝이는 빛의 파장을 보는 순간이면 내가 있어야할 곳이 바로 이곳이라는 강한 느낌을 받곤 했다. 그럴 때면 얼마 전의 암울함은 모두 털어지고 치열한 군상들 속에 섞여 부딪치며 살아가는 게 가장 내게 어울릴 것 같은 마음이 되어 강을 넘을 수 있었다.

할아버지의 죽음도 그의 죽음도 그것에 더 집착할 필요는 없을 것 같다. 할아버지의 비통한 죽음의 상처를 세월에 실어 보냈듯 그의 죽음도 세월이 흐르면 별수 없이 나의 뇌리에서 사라지리라. 나는 그저 열심히 한강을 건너면 될 것이다. 그것이 할아버지와 그의 죽음에 대한 살아남은 내가 할 수 있는 최선의 몸짓이 아닐까?

이틀의 방황을 끝내고 돌아오며 열차를 탔다. 나는 모처럼 레일 위를 달리는 금속성 열차소리를 듣고 싶었고 역동하는 몸짓을 느끼며 한강을 넘고 싶었다. 늑골을 통해 짜릿하게 전해지는 강의 움직임을, 살아있음을 온몸으로 확인하고 싶었다.

생성과 소멸, 오고 감의 이치를 새삼스레 느끼며 한강을 넘어 내 자리로 돌아왔다. 이 가을에…. 우

가을입니다

찬찬히 길모퉁이를 끼고 돌아
난파선 한 척 누워있는 찻집에 들어섭니다

기다리기 알맞은 장소입니다
벽에 걸린 시간을 확인하며 빈자리를 바라봅니다

노랗게 물든 완자창 너머로 손을 내뻗으면
은행잎들 잡힐 것 같이 다가섭니다

창가에 주질러앉아 가만히 귀 곤두세우고
달려오는 바다 가쁜 숨소리 듣다가

화들짝 눈을 뜨면 뱃머리 때리는 파도에 놀라
은행잎 우수수 떨어집니다

미닫이 출입문 몇 번 열리며 닫히고
언제나 그랬듯이 낯익은 얼굴들을 반깁니다

약속한 적이 없으므로
기다리는 사람은 오지 않을 것입니다. 박

* 수필 「갯바위의 사랑」

갯바위의 사랑

안국동 로터리를 지나 인사동쪽으로 들어서면 느티나무가 서 있습니다. 그 아래에서 이야기를 나누는 사람들의 모습이 정다워 보입니다. 일행이 있을 경우 가끔 나도 이곳에 앉아 느티나무 사이를 비집는 하늘을 바라보기도 하지만 혼자서는 쓸쓸해 보일까 싶어 그냥 지나갑니다.

코너의 빵집을 끼고 돌면 오른쪽으로 찻집 '우천(又泉)'이 있습니다. 이곳에서 누군가를 기다립니다. 약속없는 막연한 기다림은 가슴 저미는 안타까움을 동반하지만 싸아한 느낌 뒤에 오는 애절함이 있어 나는 이런 기다림을 좋아합니다.

한지를 바른 완자창 너머로 노란 은행잎이 손 뻗으면 잡힐 듯하게 다가서 있습니다. 벽에 걸린 다식판과 발재봉틀이 추억을 불러일으키는 '우천'은 누군가를 기다리기에 알맞은 곳입니다.

출입문이 몇 번 열렸다 닫혔지만 낯익은 얼굴은 보이지 않고 나는 습관적으로 시계를 들여다봅니다.

'시계가 고장인가?'

물끄러미 벽에 걸린 시계를 확인하다 일어섰습니다. 약속을 한 적이 없으므로 기다리는 사람은 오지 않을 것입니다.

모깃불에 달 끄스를라
달새는 달만 생각한다
나에 남편은 나무꾼
향기를 찾는 사람들
흐르는 물처럼
오! 자네 왔는가….

간판들만으로도 훌륭한 시(詩) 한 편이 될 것 같습니다. 그래서 이 거리를 걸으면 시의 바다를 헤매고 있는 듯합니다.

'고촌화방' 앞에서 발길을 멈추었습니다. 그곳에 바다가 있습니다. 짙은 청빛의 파도가 크르릉거리며 내게로 달려드는 착각에 나는 눈을 감습니다.

가만히 귀를 곤두세우고 포효하는 바다의 소리를 듣습니다. 가슴으로만 들을 수 있는 갯바위의 살을 깎는 사랑 이야기가 들려옵니다.

갑자기 마음이 울적해지면 미지의 먼 곳 어디쯤에서 자석으로 끌어당기는 것 같아 떠나고 싶을 때가 종종 있습니다. 하지만 일상이라는 틀을 깨트리고 떠난다는 게 어디 그리 쉬운 일이던가요? 욕구를 억누르며 참을 수밖에.

눈이 흩뿌리던 어느 겨울날 그가 나를 옆자리에 말없이 태웠습니다. 눈꽃이 흩날리는 산야를 가로질러 간 곳은 멀리 서해바다 안면도 송림을 지나 막다른 포구였습니다.

음산한 계절과 날씨는 포구를 더없는 적막으로 감싸고 있었고 바다에 접해 있는 횟집만이 을씨년스럽게 웅크리고 있었습니다. 눈은 어느새 그쳐 있었습니다만 하늘은 여전히 어두웠습니다. 그와 나는 꼭 필요한 몇 마디의 말을 빼고는 내내 침묵했습니다. 말없음으로 서로의 마음을 전달할 수 있다면 구태여 말은 필요치 않습니다.

강한 바람을 등지고 비릿한 갯내음을 맡으며 포구를 거닐었습니다. 일렁이는 바람에 어둠이 안개처럼 솟아오르고 있어서일까요? 한발 앞서 걷는 그의 뒷모습이 왠지 쓸쓸해 보인다는 생각이 들었습니다.

"저어기…."

우뚝 멈춰 선 그가 가리키는 바다를 향해 섰습니다. 그 순간 수평선에 걸린 희미한 해가 구름 사이로 살짝 보이는가 싶더니 바다의 색깔이 일시에 바뀌고 있었습니다.

내 기억의 창고에 저장되어 있는 낙조의 빛깔이 아니었습니다. 붉은빛이 아닌, 어찌 보면 보라색과 회색의 중간쯤인 듯한, 이 세상 어느 색깔로도 표현할 수 없는 신비스런 색깔이 하늘을 물들이고 바다를 물들였습니다.

어둠에 스며드는 음영 짙은 바다의 색깔. 음울한 느낌의 공포와 신비한 색깔의 환희 앞에서 나는 몸을 부르르 떨었습니다. 목울대 너머로 터져 나오는 신음을 어금니로 지그시 누르며 막연히 사랑의 빛깔, 사랑의 느낌이 이럴 거라는 생각을 했습니다.

그런데 그때, 그 신비한 빛깔이나 느낌보다 내게 더욱더 충격적으로 다가오는 것이 있었습니다. 그것은 모든 것을 숙명처럼 받아들이고 바라보고만 서 있는 갯바위였습니다. 바다를 향한 사랑을 단 한마디도 표현할 수 없는, 자기 스스로는 단 한 걸음도 사랑하는 이를 향해 다가갈 수 없는 비련의 사랑.

내 사랑 바다, 그가 다가와 주기를 애타는 그리움으로 기다릴 수밖에 없는 갯바위의 사랑. 갯바위의 막연한 기다림은, 간절한 그리움은 자신의 몸이 스러져 없어질 때까지 지속될 것입니다.

눈앞에 그리운 사람을 두고도 결코 자의적으로 움직일 수 없는 그의 사랑이 안타까웠지만 그것이 숙명이라면 나 또한 바위가 되어도 좋다고 생각했습니다. 그 순간 왜 그런 터무니없는 생각이 들었을까요?

그날 우리를 그곳으로 강하게 끌어당겼던 그 무엇이 운명처럼 그렇게 나를 갯바위로 만들었습니다.

'크르릉….'

파도소리에 화들짝 놀라 눈을 뜨니 보도에 우수수 노란 은행잎이 떨어지고 있습니다. 고촌화방의 바다그림이, 가로수를 감싸고돌던 바람이 나를 다시 현실의 바다로 이끌어 들였습니다.

가을입니다. 우

동백꽃 그늘

그 밤 말입니다
달이 구름 사이로 숨어든 곳
기억하시나요
모든 것들 잠이 들고 별만 쏟아질 듯한
암흑 속 당신의 옆모습 훔치며
가슴 덜컹이는 느낌을 받았지요
순간이었어요
사랑이란 아이러니를 생각했는지 모르겠네요
자궁을 닮아 배태고개라 이름 붙은 곳
전쟁이 몰고 온 젊음의
주검들을 묵묵히 지켜볼 수밖에 없었던
어둔 골짜기 아직도 떠나지 못하고
안개로 스며있는 듯했지요
바라보는 것만으로 숨소리 뜨거워지는 역사
소리 없이
사랑은 스며드는 것일까요
어제는 동백꽃 지는 나무 아래 한참을 서 있었어요

쏟아지는 선홍빛 빗살을 맞으며
가슴에 피멍 들도록 후회 없는 그리움 쏟아내고
절정의 순간 제 몸 던질 줄 아는 결기
가슴 먹먹했지요
사랑이 무에 그리 어려워 허둥대는지
동백꽃 그늘에서
가슴 식히느라 숨 골라야 하는지
주검을 옆에 둔 절박함 속에서
서로를 부둥켜야 했던 저들에게는 없던
내일이 있는데 말이에요
맞아요…

그렇지요? 네. 박

*수필 「봄꿈」

봄꿈

기억하고 계시나요. 달마저 구름 사이로 숨어버린 그날 밤 말입니다. 배냇골을 찾아들던 그날 당신의 옆자리에 앉아 세상을 보았지요. 모든 것들이 잠들고 오롯이 별들만이 쏟아질 듯한 암흑 속을 당신은 묵묵히 앞만 응시하며 달렸고 그런 당신의 옆모습을 훔쳐보며 나는 가슴 덜컹이는 느낌을 받았지요.

당신은 산길 모롱이의 공동묘지를 지나며 몇 십 년의 세월에도 배냇골을 떠나지 못하는 영혼들 이야기를 했지요. 나는 왜 바로 그 순간 아이러니하게 주검의 어둠에서 한 가닥 희망 닮은 사랑을 꿈꾸었는지 모르겠네요.

어디 세상사가 아이러니한 일 아닌 것이 있을라구요. 여성의 자궁을 닮아 배태고개라 이름 붙은 그곳 또한 수없이 많은 젊은이들의 주검을 묵묵히 지켜볼 수밖에 없었다지 않아요.

6·25때 그곳은 좌익의 은신처로 쓰였다지요. 채 꿈도 꾸어보지 못한 그들, 꽃도 피워보지 못하고 봉오리로 접어야

했던 젊음과 이상(理想)이 차마 그곳을 떠나지 못하고 안개되어 골짜기에 스며있는 듯했지요. 공비소탕 작전으로 산천에 피를 뿌리며 사라져간 그들의 운명은 어쩔 수 없는 것이었을까요? 스러져가는 그들을 모성의 본능으로 보호해 주지 못한 한(恨)을 가슴에 품고 속울음을 울어야 했을 우리들의 그 산야.

다음날 아침, 눈을 뜨고 무심코 밖을 내다보다 또 한 번 가슴 무너지는 소리를 들었지요. 이렇듯 청량한 곳에, 그렇듯 싱그러운 곳에서 목숨을 꺾어야 했던 그들의 청춘이 못견디도록 짠한 아픔으로 다가왔지요.

더욱더 안타까운 것은 포화 속에서도, 죽고 사는 것을 기약할 수 없는 상황에서도 사랑에 빠진 남녀가 있었다지요? 애절하게, 상대를 바라보는 것만으로도 숨소리 뜨거워지는 역사를 했겠지요. 그들에게 절실한 것은 안락한 내일도, 가슴 벅찬 행복도 아닌 짧은 의식을 치를 장소였다지요. 하늘은 보여도 좋으니 두 사람의 몸을 가려 줄 수 있는 반듯한 공간만이 간절했다는 그들의 욕구 앞에 무릎이라도 꿇고 싶은 심정이었답니다. 사랑이란 그렇게 때와 장소 가리지 않고 소리 없이 스며드는 것일까요.

어제는 동백꽃 뚝뚝 지는 나무 아래 한참을 서 있었어요. 쏟아져 내리는 선홍의 비를 맞으며…. 가슴에 피멍이 들도록 후회 없이 그리움 쏟아내고 절정의 순간에 그 정열 고이 접어 제 몸 던질 줄 아는 용기에 가슴이 먹먹했지요.

그런데 나는 사랑하는 일이 무에 그리 어렵다고 허둥대기만 하는지 참 모르겠네요. 아니지요, 이 나이가 되어서도 익숙지 못한 내 사랑의 노릇은 서투름에서 오는 당황함이겠지요.

아니면 「그리스인 조르바」의 젊은 두목 오그레처럼 자신에게조차 솔직하지 못해서가 아닐는지요. 왜 매번 자기감정에 충실하지 못하여 마음대로 틀을 만들어 놓고 그곳에 자신을 가두려는 것일까요? 동백나무 아래에서조차도 왜 애써 따슨 가슴을 식히느라 숨을 골라야 하는지 잘 모르겠네요.

주검을 옆에 둔 절박한 상황에서도 사랑을 한 저들에게는 없던 내일이 내게는 있는데도 말이에요. 맞아요. 내게 내일이 있다는 것, 혼곤한 봄꿈에 한 번쯤 취해 봐도 된다는 뜻. 그렇지요, 네. 우

겨울 일기

1.

갈숲에 섰습니다 당신은 그 소릴 들어보았나요 찬비 온 다음 날 젖은 몸으로 우는 소리 말이에요 빗물 흠씬 밴 몸을 서로 부딪치는 그 소리를요 물기 없이 서걱대며 돌개바람에 이리저리 흔들리던 지난가을과는 전혀 다른 그들 언어를 말입니다 스란치맛자락 스치는 소리도 나 대요 갈밭 속에서 개망초 대궁들 서로 몸 부비는 소리 같았어요 가을에야 하얗게 피워낸 꽃숲에서 난데없이 눈비 섞어치는 칼바람에 놀라 땅으로 낮게 몸 눕히며 붉디붉게 울음 우는 소리를 듣습니다.

2.

두물머리를 거쳐 강의 이름을 얻은 곳에 고니들 하얗게 내려앉아 있었어요 긴 목 쭈욱 빼고 강물에 온몸 맡기고 있어 백조의 호수를 춤추는 무용수 같기도 하고 소녀의 여린 손끝으로 접은 종이학 같기도 했습니다 마른 숲에는 고니 한 마리가 외따로 웅크리고 있기도 하였지요 얼마 전엔 강이 우는 소리 듣고 싶어 길 나섰다가 겨울강 둔치에서 또 다른 철새들과 해후를 했지요 새까맣게 내려앉은 후조(候鳥)를 보면서 그제야 눈치챘습니다 가슴을 꽁꽁 얼린 강은 새를 품지 못하는 것을.

3.

다 저문 때 당신은 겨울 하늘을 날아본 적 있나요 어슬녘 하얀 액자 속에 가득 들앉은 그림을 봅니다 비행기 사각창 안으로 불타는 자홍색이 아스라이 펼쳐져 있군요 타는 핏빛이 조금씩 엷어지다 못내 푸르디푸른 청빛이 됩니다 개밥바라기만이 그 넓은 창공에 점 하나로 찍혀 도드라져 보이네요 하늘 위에 하늘이 또 있었다니! 어느새 하늘은 낮에서 밤으로 넘어와 하얀 프레임 속이 검정색으로 채워졌네요 내일 아침을 위해 차가운 밤을 헤치고 버스에 오릅니다. 박

*수필 「하늘, 땅, 새」

하늘, 땅, 새

갈밭 소리

당신은 그 소릴 들어 보셨나요. 찬 비 온 다음날 젖은 몸으로 우는 갈대의 소리를 말이에요. 빗물 흠씬 밴 몸을 서로 부딪치며 내는 그 소리를요. 물기 없이 서걱대며 돌개바람에 이리저리 흔들리던 지난가을과는 전혀 다른 그들의 언어를 말입니다.

겨울의 끝자락 갈숲에 섰습니다. 지난봄부터 갈피갈피 밀어 올렸던 꿈을 가을에서야 드디어 하얗게 꽃피웠더랬지요. 그러다 난데없이 눈비 섞어치는 칼바람에 놀라 땅으로 낮게 몸 눕히며 붉디붉게 울음 우는 소리를 듣습니다.

늦은 가을, 큰 키 나무에 기대어 흔들리는 그들 무리를 만난 적이 있습니다. 그날은 마른 노랫소리도 들렸지요. 갈밭에서 스란치맛자락 스치는 소리가 나대요. 개망초 대궁이 서로 몸을 부비며 내는 소리는 또 어떻고요. 꼭 작은 스푼으로 샤베트를 뜰 때 나는 소리 같았지요.

고니 흰 구름으로 떠 서로를 겨루고 있는 강물에 햇살이

스러지는 소리를 당신도 들어보셨나요.

등 뒤 키 낮은 숲에서는 새들이 부산스러웠습니다. 한참 발길을 멈추고 속닥임을 엿듣다가 고개를 갸웃했지요. 그들은 지금 사랑을 나누는 것일까요, 아니면 축제라도 펼치는 것일까요. 그도 아니라면 혹시 그들 나름의 내밀함을 나로 인해 방해받아 불평하는 것은 아닐는지요. 거듭 거듭 나는 속으로 방해할 마음 전혀 없었다고 부인하지만 안심 시킬 수단이 없어 안타깝고 민망합니다. 그들과 나 사이에 가로놓인 벽이 느껴지네요.

당신은 그 모습을 보셨나요. 소리만으로는 심이 차지 않는지 몸짓으로 춤을 추는 모습을요. 어둠이 날개를 길게 펼 때 아래로 아래로 몸 낮춰 바람을 맞는 모습두요. 한살이를 끝낸 야생초들이 자연에 순응하며 몸빛을 바꾸는 것이 무척 순해 보입디다. 연회색 강아지풀, 뿌연 개망초, 대궁을 불그레하게 물들인 억새 무리 그 모두가 땅의 색을 닮아가고 있습니다.

미사리는 그들의 치열한 삶터입니다.

갈대, 물억새, 부들, 달뿌리풀, 창포, 줄, 버들, 강아지풀, 부래옥잠, 여뀌, 띠, 갯버들, 개망초 등등이 서로 자신들의 영역을 고수하며 살고 있습니다. 어쩌면 그렇게 끼리끼리 어깨걸이를 하고 있을까요. 그들은 혼자 나서지 않고 모여 사는 법을 일찌감치 터득한 것 같습니다. 아니면 홀로 피어서는 너무 보잘것없지만 군락을 이루면 장관이라는 사실도 알아챈 것이겠지요.

무리 지어 사는 게 어디 풀들 만인가요. 갈밭 비껴난 웅덩이에 떼지어 노니는 청둥오리들이 보입니다. 그중 두 마리 하늘로 궁둥이를 치켜들고 발은 수중발레리나처럼 헤적이며 먹이를 찾고 있네요. 나름의 삶을 위해 오늘도 그들은 동분서주합니다. 겨우내 둥우리를 틀어 밀어를 속삭이던 그들이 떠난 자리에 봄이 올 것입니다.

봄은 그 소리들의 합주로 오는 것이 아닐까 싶습니다. 그 모든 것들의 춤사위가 봄을 불러들이는 것이 아닐는지요. 그렇지 않으면 어느 봄날 한꺼번에 그처럼 넘치는 힘으로 뿜어져 나올 수가 있을까요. 이 모든 섭리가 자연의 이치라는 걸 깨닫습니다.

철새 날다

두물머리를 거쳐 한강의 이름을 부여받은 곳에 고니들이 하얗게 내려 앉아 있었어요. 처음 그들을 보았을 때는 날갯깃에 머리를 파묻고 있어 솜덩이인가, 밤새 소식없이 살포시 내린 첫눈인가 하였지요. 갈숲 한 바퀴 돌아 나오니 긴 목 쭈욱 빼고 유유히 강물의 흐름에 몸을 맡기고 있어 「백조의 호수」를 춤추는 무용수 같기도 하고 소녀의 여린 손끝으로 접은 종이학 같기도 했습니다.

그날 마른 숲에는 고니 한 마리 외따로 웅크리고 있기도 하였지요. 무서리 내린 날 알을 품을 리 만무하고 먼 비행 끝에 날개라도 다친 게 아닌가 걱정했는데 다음날 보니 그가 앉았던 풀밭이 동그마니 비어 있어 안도의 숨을 쉬었어요. 도랑이 가로막아 사람의 손길이 타지 않는 곳이니 틀림없이 저들의 무리 속으로 다시 섞여들었을 테니까요.

백조라고도 불리는 고니는 그 우아한 자태로 동화 속 공주나 왕자의 변신으로 곧잘 나타나지만 지구 오염으로 그 수가 점점 줄어들고 있다니 안타깝네요. 그러고 보니 수난을 당하는 새가 어디 고니뿐인가요. 발을 손처럼 사용하고, 인간처럼 말하며, 사람처럼 헌신적으로 사랑하여, 그래서 사람들을 열광시키는 앵무새. 그중에서도 스픽스유리금강앵무는 신비로운 파란 빛깔 때문에 더 열광적인 사랑을 받아 멸종되었다고 하네요. 남획과 서식지인 숲의 파괴로 야생상태에서 멸종된 스픽스앵무새. 아이러니하게도 인간에게 사랑받아 멸종하다니요.

누가 더 많은 종류의 새를 북아메리카 안에서 목격하는지를 겨루는 시합이 있다고 합디다. 참가자들은 철새 이동 경로를 찾아 엄청난 경비를 들이며 미친 듯이 쫓는다고 하네요. 설마 그들의 철새에게로 향하는 집착도 멸종으로 이어지지는 않겠지요.

얼마 전에 강이 우는 소리를, 얼음이 갈라지는 소리가 듣고 싶어 길을 나섰다가 겨울강 둔치에서 또 다른 철새들과 해후를 했지요. 새까맣게 내려앉은 후조(候鳥)를 보면서 그제야 눈치 챘습니다. 가슴을 꽁꽁 얼린 강은 새를 품지 못하는 것을.

저물 녘 집으로 돌아오는 길에 그들의 화려하고 장엄한 군무에 넋을 잃었더랬어요. 하늘을 수놓으며 날갯짓하는 새떼들, 어느 무용수의 춤사위가 그처럼 아름다울 수 있을까 싶게 감동적이었지요. 음악이 있는 것도, 구령이 있는 것도 아닌데 머리를 서북향으로 두고 사람 인(人)자를 그리며 일사분란하게 열을 맞춰 차례로 비상하는 수천 마리 새떼들의 모습이라니요. 더러는 게으른 놈 한 마리 뒤늦게 날개를 퍼덕이며 무리를 따르는 품새가 웃음을 자아내게도 했지만요. 언제쯤 나도 자연에 순응하는 저들처럼 사는 법을 배울는지요.

천년도 더 전 경도 측정이 되지 않았던 때 끝없이 펼쳐진 바다를 넘어 새로운 이상향의 나라를 찾던 항해자들은 돛단배 한 척, 또는 그 이상의 쌍선 카누를 타고 바다로 조심스레 나갔다지요. 지상낙원이 그리 쉽게 도달할 수 있는 곳이던가요. 희생자 또한 수를 헬 수 없을 정도로 많았다고 합니다. 바다 한가운데서 길을 잃고 헤매던 뱃사람들에게 새떼는 행운에 다름 아니었지요. 새가 날아가는 방향은 그들 뱃사람들에게 훌륭한 길잡이 노릇을 했을 테니까요.

자신들이 떠나온 곳으로 돌아갈 긴 장도를 앞두고 비행연습을 하고 있는 철새들. 그들을 물안개 깊은 가을날 재회할 수 있기를 고대합니다.

하늘 그림

다 저문 저녁 때 하늘을 날아보신 적 있나요. 어둘 녘 하얀 액자 속에 가득 들앉은 그림을 봅니다. 비행기의 창문, 두 뼘과 세 뼘 남짓의 사각틀 한가운데 가로선을 굵게 긋고 우리가 사는 땅 쪽으로는 짙은 군청색 어둠을 깔았습니다. 그 위로는 불타는 자홍색이 아스라이 펼쳐져 있군요. 타는 핏빛이 조금씩 엷어지다 못내 푸르디푸른 청빛이 됩니다. 개밥바라기만이 그 넓은 창공에 점 하나로 찍혀 도드라져 보이네요.

하늘 위에 하늘이 또 있다니 어린 날에는 상상조차 못한 일입니다. 일몰과 더불어 낮과 밤이 바뀌는 하늘을 우러르며 별자리를 보고 꿈을 키우던 때가 있었지요.

조금 나이 들어 한가로운 곳에 작은 보금자리를 갖고 싶던 적도요. 옛님처럼 자연은 울타리 삼아 둘러두고 팔을 뻗으면 손이 닿을 만한 곳에 과실나무 한 그루 심고 싶었던 것도 다 하늘 때문이었지요. 작열하는 태양 아래 타는 갈증 감추고 활화산 같은 정열 뿜는 능소화에 반한 탓이기도 했지만 어쩌면 그건 순전히 능소화가 저 노을빛 닮은 까닭이었을지도 모르지요. 이제는 내 시야가 닿는 곳뿐만 아니라 그 너머에 언젠가 내가 돌아갈 또 하나의 하늘이 있다는 것을 압니다.

어느새 하얀 프레임 속이 검정색으로 채워졌네요. 비행기가 나래를 펴는 순간부터 김포공항에 다리를 접는 45분 동안 그 광경을 놓칠세라 눈을 깜박이는 것조차 아까워하였지만 하늘은 낮에서 밤으로 넘어와 있군요.

내일 아침을 위해 나는 깜깜한 밤을 헤치고 버스에 오릅니다. 언젠가는 돌아갈 하늘과 땅, 그날까지 나는 길 위로 나선 나그네니까요. 우

하룻밤 강과 함께

강이
몸을 뒤틀며 괴로워하고 있었다
달구비 쏟아지는 밤
더는 참을 수 없었는지 제 속 뒤집어
감싸 안았던 것들을 토악질하듯 내뱉으며
뒤척이고 있었다

적막 속에 붉어진 몸뚱이 구겨 넣으며
제 속의 고요를 깨트리고 있었다

누군들 성한 날만 있을 것인가
마음 추슬러야 할 때면 달려오는 강 곁에서
오늘은 달구비 소리에 잠 못 이루며
나도 뒤척여 보는 것이다
하룻밤
강과 함께 속 뒤집어 보는 것이다. 박

*수필 「귀여리에서」

귀여리에서

천둥을 동반한 빗소리에 잠을 설쳤다. 이렇게 달구비가 쏟아지는 밤이면 산과 강, 나무와 새들은 어떤 모양으로 잠을 청할까. 못내 안달이 났다.

뿌연 안개를 헤치고 그들을 만나러 새벽길을 나선다.

제일 앞에 납작 엎드린 산, 그 뒤로 살포시 웅크린 산, 그 너머 무릎 세워 몸 일으킨 산, 산. 그들이 선잠 깰까봐 발자국소리까지 죽이며 다가간다.

간밤의 거센 빗발에도 산은 꿈쩍 않고 있는데 강물은 아픔을 속으로 내처 삼키다 더는 참을 수 없어 속을 뒤집었는지, 시뻘건 황토를 내뱉으며 몸을 뒤틀고 있다. 온몸으로 감싸 안았던 모든 것을 토악질하듯 내뱉으며 뒤척이고 있다. 한없이 넓고 깊게 보듬는 것에 만족하던 강도 가끔은 강한 거부의 몸짓으로 오롯이 자신을 뒤집어놓을 수 있는 날이 필요한지 모른다.

사람살이에 지칠 때면 나는 이 길로 나선다. 너무 가라앉아서 정적감에 휩싸일 때도 좀은 마음을 출렁이고 싶어서 이

길을 달린다.

그저께 동살에도 나는 푸른빛으로 깨어나는 이곳에 왔었다. 그날의 강은 모성으로 풍경을 끌어안고 있었다. 밤새 강물에 몸 담그고 자다 눈곱을 떼고 꿈에서 깨는 산을 보여주었다. 자욱하던 물안개가 나보다 먼저 산이 뒤척이는 소리를 들었는지 어느새 산등성이로 올라가고 있었다. 물에 드리운 그림자는 그냥 두고 기지개를 켜는 산의 기척에 수초들 사이에서 청둥오리 한둘이 깨어나고 있었다. 부지런한 암컷은 먹이를 찾느라 물살을 가르고 곱게 머리 빗어 단장한 수컷은 뒷짐을 진 채 유유히 멱을 감고 있었다.

게으른 오리 한 마리 무리에서 벗어나 덜 깬 몸짓으로 강물에 잠긴, 아직 산이 개키지 못한 잠자리를 망가트리고 있기도 했다. 한 쪽에서는 무슨 못된 꿈을 꾸었는지 두어 뼘 남짓한 금빛 물고기 지느러미 번쩍이며 수면 위로 솟구쳤다. 그 몸짓에 수초 속에 있던 피라미들 놀라 작은 소란이 일었다. 갈밭에서 긴 목을 빼고 그 소란을 지그시 지켜보고 있는 왜가리…. 그 모든 것을 품어 안고 있던 그날의 강은 황톳물을 토하는 오늘과는 영 딴판으로 넉넉하고 평온한 모습이었다.

누군들 평온한 날만 있을 것인가. 참다못해 더는 어찌해볼 도리가 없을 때 저 강처럼 속내를 한 번쯤 뒤집어 스스로를 정화시킬 수 있다면 그도 좋을 일이다. 그래서 나는 마음을 추슬러야 할 때면 늘 귀여리 강가에 선다. 우

등을 내어주며

어린아이처럼 맡겨 놓은
등을 미는 그 손길에 내 몸은 안온해지고 있었다

덕진공원에 연꽃이 피었다는데
우리는 죽림온천을 향해 달려가며 연꽃보다는
도심의 찌든 분진을 먼저 씻고 싶었다

"어디 아픈 데는 없는거지"
살집 없는 등을 밀며 속삭이는 물기 젖은 목소리가
문득 내 목울대를 아프게 했다

몹쓸 병으로 앓아누운 어린 딸의
여윌 대로 여윈 등을 씻기면서 선배는
피눈물을 쏟았을 것이다

"아이고, 이게 우짠 일이고"
내가 누워있는 응급실로 한달음에 달려온 어머니

그 젖은 눈은 가슴을 파고들었을 것이다

그토록 모질게 당당하기만 하던 딸에게
눈물보다 더 촉촉한 이야기를 들려주고 싶었을 것이다
어머니는 그렇게 다가오고 싶었을 것이다

한 여자의 젖은 손에 등을 내어주며 엄마가 된
나는 어머니의 어린 딸로 돌아가 있었다. 박

*수필 「어머니와 여자」

어머니와 여자

양곡 소세양 선생 문학비 건립식에 참석 차 전주에 갔더니 그곳에 계시는 목선생님과 하선생님이 마중을 나오셨다.

일정을 마치고 다른 일행들은 서울로 향하는데 우리는 죽림온천을 향해 달렸다. 덕진공원에 연꽃이 피었다는데 연꽃보다는 온천물에 도심에서 찌든 분진을 씻고 싶었다.

서울서부터 같이 간 홍선생이 대중탕 앞에서 망설였다. 자신은 혼자 바깥에서 기다리겠다는 것이다. 아마도 목욕을 마치고 벌건 얼굴로 원로선생님들과 마주칠 일이 걱정되었던 모양이다. 기왕에 예까지 왔는데 그냥 갈 수 있냐며 끌다시피 하여 안으로 들어갔다.

김이 잔뜩 서린 온천탕은 꽤 넓었다. 홍선생은 그 넓은 곳 어디로 금세 숨어버려 아무리 찾아도 보이질 않았다.

나는 목선생님과 함께 자리를 잡고 앉았다. 연배로 치면 어머니뻘이 되니 내가 선생님의 등을 먼저 밀어드려야 하건만 선생님의 성화에 나는 말 잘 듣는 어린아이처럼 내 몸을 온전히 선생님께 맡기고 있었다. 부드럽고 정결하게 등을 미는 손길이 한없이 자애로웠다. 팽팽하게 긴장되어 있던 온몸의 신경이 느슨해지며 마음이 안온해졌다.

"어디 아픈 데는 없는거지?"

살집이라고는 전혀 없는 내 빈약한 등을 밀며 걱정스레 묻는 선생님의 물기에 젖은 목소리가 내 목울대를 아프게 했다. 혹여 나 때문에 내 나이 또래에 하늘나라로 보낸 따님 생각을 하신 게 아닌가 싶어 송구스러웠다.

선생님의 수필집 교정을 보면서 나는 몇 번이나 눈시울을 붉혔다. 위암과 투병하느라 여윌 대로 여윈 딸의 등을 밀며 피눈물을 쏟는 선생님의 모습에서 나는 내 어머니를 떠올리며 울었다. 생때같은 자식을 가슴에 묻는 어머니의 심정, 바로 눈앞에서 사그라지는 자신의 분신을 지켜보아야 하는 모정, 선생님의 처절한 그 모습에서 나는 왜 나를 버리고 떠났다고 생각했던 어머니를 떠올렸던 것일까?

지난 일요일에 아주 오랜만에 우리 집에 다니러 오신 어머니와 함께 목욕탕에 갔다. 등을 밀어주는 어머니의 손길이 살뜰했다. 때를 밀고 비누칠까지 구석구석 정성을 들이는 모습이 돌아앉아서도 훤히 보였고, 어머니의 앙상한 손이 내게 많은 이야기를 하고 있었다. 입으로 하는 말보다 더 촉촉이 내 가슴으로 파고드는 이야기였다. 그 말없는 이야기에 콧등이 찡하더니 눈물이 흘러내려 나는 어머니가 눈치 채지 못하게 멀쩡한 비누타령을 하며 세수를 했다.

어머니는 내게, 아니 우리 3남매의 눈을 언제나 바로 보지 못하는 죄인이었다. 어린 자식들을 거두지 못한 죄책감 때문에 평생 몸 둘 바를 몰라 하는 어머니에게 나는 언제나 당당하고 잘난 딸이었다. 어찌 그리 모질게도 할 말이 많았는지….

세월이 흘러 나도 자식을 낳아 키웠고, 순탄치 못한 여자의 길을 걷는 동안에도 어머니가 한 사람의 여자일 수 있음을 인정하지 않았다. 세상의 다른 여자들에게는 희망 없는 기대에 시간 죽이지 말고 자기 인생을 찾아야 된다고 목소리의 톤을 높였으면서 내 어머니에게는 한 치의 빈틈도 용납할 수 없었다.

내 앞에 여자와 엄마의 길이 선택적으로 주어졌을 때도 나는 어머니에게 보란 듯이 내 아이들을 끌어안고 둥지를 틀었다. 그랬다, 보란 듯이…. 나는 어머니보다 잘났으니까.

어머니가 개가했던 바로 그 나이에, 나는 한 달이 넘게 40도를 넘나드는 원인 모를 고열에 시달리다 응급실에 실려 갔다. 꼭 죽을 것만 같았고 마지막이라고 생각되는 순간에 어머니가 몹시 보고 싶었다.

"아이고, 이게 우짠 일이고?"

응급실로 달려와 넋 나간 사람처럼 중얼대는 어머니를 보자 나는 그만 어린아이마냥 엉엉 소리 내어 울었다. 그것은 지금까지 용서하지 못한 어머니에 대한 애증을 씻어내는 눈물이었다. 그리고는 내가 그동안 얼마나 내 아집 속에 웅크리고 있었는가를, 이 세상에 어머니가 살아계시는 자체만으로도 얼마나 감사해야 될 일인가를 비로소 깨달았다.

목선생님께 등을 맡기고 앉아 나는 또다시 어머니를 떠올렸다. 내 어머니를 포함한 세상의 모든 어머니의 마음이 곧 목선생님의 이런 자애롭고 정성스런 손길 같은 것이라는 생각에 새삼 목이 메었다. 우

붉은 날 하나 더

붉은 마음, 하나

말복 지난 지 한참이건만 더위는 지칠 줄 모르고 기승을 부린다 일주문 지나니 함지박만한 돌 가슴팍에 음각으로 새겨놓은 세심동(洗心洞)과 세심사(洗心寺)가 길을 내어준다 그동안 얼마나 마음의 문을 닫아걸고 억지를 부렸는지 돌아보라는 듯하다 옆에 쭈그려 앉으니 방금 내가 걸어온 길을 바람이 휘이익 비질하며 지나간다 그 자리에 솔향기가 삽상하다

붉은 바람, 둘

청량사 가는 길은 걸음을 떼는 만큼씩만 풍광을 보여줄 뿐 그 속내를 짚을 수가 없다 세월에 구멍 숭숭 뚫린 바위가 수문장처럼 늘어선 산길은 숨이 차다 가파른 길에 누군가 더 심술을 부린 계단을 한 아이가 아빠와 함께 내려오고 있다 "…91, 92, 93, 94, 95" 녀석의 청아한 목소리가 하늘로 솟구친다 나도 계단을 딛고 올라서며 가을쯤에 들어선 내가 봄날 닮은 아이의 흉내를

내어본다 아흔다섯, 아흔넷, 아흔셋…

붉은 길, 셋

분명 나는 사랑에 빠졌다 마음은 이미 그에 가 닿았을 것이지만 참다 참다 어찌 해볼 도리가 없을 때면 길을 나선다 울진 삼당리 분홍빛 꽃구름으로 그는 거기에 피어 있다 그도 나처럼 사랑에 빠진 것인가 오늘도 알몸으로 붉디붉은 불을 이고 목백일홍 꼬부랑길을 온종일 밝히며 서 있다 덩달아 나도 달아올라 식힐 길 없으니 정말 큰일이다

붉은 날, 하나 더

시샘하듯 내리는 비에 젖어 꽃빛 내 길이 온통 더 붉다 이 길 끝머리 어디쯤에서 하룻밤 지새우고 새벽길을 되짚어 두어 번 더 오간 뒤에야 발길을 돌릴 수 있을 것이다 아, 그러나 이 노릇 어이하면 좋을지 오늘은 되짚어 돌아갈 길조차 아쉬움으로 막혀 이 붉음 가슴에 품어 다독여야만 나는 여름을 보내고 가을을 맞이할 수 있는 터인데. 박

*수필 「가을여행 셋」

가을여행 셋

붉은 마음 · 하나

일주문 지나니 함지박만한 돌 두 개에 음각으로 새겨진 '洗心洞'과 '開心寺'가 길을 안내한다.

마음을 씻고, 마음을 열라? 그동안 얼마나 마음의 문을 꼭꼭 닫아걸고 상대를 내 생각에 맞추려고 억지를 썼는지 돌아보라는 듯하여 그 옆에 쭈그려 앉는다. 방금 내가 걸어온 길을 바람이 휘이익 소리를 내어 긴 비질을 하고 지나간다. 그 자리에 솔향기가 삽상하다.

어렸을 때부터 고집이 세다는 지청구를 들었다. 똑 부러지는 성격이라고도 했다. 특히 울음 끝이 길었다. 뜻이 이루어지지 않으면 울음보를 터트렸고 나중에는 스스로 그만 울어야지 하면서도 그게 생각처럼 쉽지 않았다.

집안 어른들이 "네 말이 옳다, 그래그래." 하며 받자를 해줬다. 그래서 아이는 정말로 자신이 하는 일은 뭐든지 옳다고 여겼다. 그대로 자랐으면 기고만장해졌을 게 불을 보듯 뻔하다. 그래서일까. 결코 만만치 않은 길이 내 앞에 오래도록 펼쳐졌다. 부모님의 불화는 곧 내가 설 곳을 돌짝밭으로 만들었다. 친척집을 전전하며 눈칫밥을 먹다보니 일찍 철이 들었다. 또래에 비해 어른스럽다 했지만 실상은 철통같이 마음을 닫아걸었음이다.

뿐만 아니다. 제대로 된 사랑 한 번 못해보고 실패했으니 애증만 쌓여 세상의 남자들은 다 '못 믿을 손' 같아 더더욱 굳건히 빗장을 질렀다. 거기다 근 30여 년 홀로 살며 높은 담을 쌓았으니 어찌 쉽게 허물 수 있으랴. 그러니 뒤늦게 찾아온 사랑 또한 낯설었다. 아니, 사랑하는 방법이 서툴렀다. 그를 많이 힘들게 하고난 후에야 비로소 닫힌 문 앞에서 외로웠을 그가 보였다.

구불구불 가파른 산길을 다시 오른다. 한참을 올라도 나무들의 갖은 품새 춤사위만 있을 뿐, 절간이 보이질 않는다. 날은 저물고 조바심이 일 무렵에야 앞선 그의 어깨너머로 하늘이 빨갛게 열린다. 대웅전의 단청이려니 여기고 급히 몇 발자국 내딛는데 상상 외로 배롱나무다. 수없이 울퉁불퉁 옹이진 몸을 비틀어 뻗은 가지의 꽃빛에 눈이 현란하다. 얼마나 오랜 풍상을 견뎠기에 커다란 양산을 펼친 듯 저토록 깊은 그림자를 만들 수 있을까.

어찌 나무만 그러랴. 사람도 나이 듦이 공것이 아님을 나는 안다. 그러니 나보다 20여 년 앞선 그의 나이가 오히려 내게는 삶의 이치를 배우는 스승이겠다. 생각을 뒤집으니 이루어질 수 없다고 미리 선을 그었던 그와의 여러 가지 이유들이 한꺼번에 사라진다. 이런 것을 인생의 묘미라고 하는 것일까.

'경지(鏡池)'라는 이름에 걸맞게 연못이 배롱나무를 안고 있다. 배롱나무, 그는 자신을 비춰보는 것만으로 부족한지 꽃잎을 떨어트려 붉은 마음을 전한다. 그도 마음 활짝 열므로 저처럼 겨운 꽃을 피울 수 있는 것이리라. 거울 같은 수면에 뜬 꽃잎을 바라보며 그와 나란히 배롱나무 아래에 앉는다. 금방 두 사람의 모습이 연못에 뜬다. 누군가가 말했다. 사랑은 서로를 바라보는 게 아니라 나란히 앉아 같은 방향을 보는 것이라고.

종소리가 들린다. 동종소리에 끌려 구부러진 돌계단을 올라서는데 해탈문이 열려있다. 기울어진 해탈의 문지방을 넘는다. 나는 지금 굴레에서 벗어나는 것일까. 사랑의 얽매임 속으로 드는 것일까? 아무러면 어떠랴. 오늘은 꽃바람에 마음을 씻고 종소리에 마음이 열리고 있으니.

붉은 바람 · 둘

말복이 지나면 무더위가 한풀 꺾일 줄 알았다. 하지만 복날 지난 지 한참이건만 더위는 지칠 줄 모르고 기승을 부렸다. 그런 만큼 저만치에서 늦장을 부리는 가을이 그리웠다. 마침 누군가가 봉화 깊은 곳에 가면 특별한 소리를 만날 수 있다고 했다. 그러니 그냥 있을 수 없지 않은가.

청량사 가는 길은 걸음을 떼는 만큼씩만 풍광만 보여줄 뿐, 도저히 그 깊은 속내를 짚을 수 없다. 헤아릴 수 없는 세월에 구멍이 숭숭 뚫린 바위가 수문장처럼 늘어선 산길은 숨이 차고 힘이 들었다. 깎아지른 길이 계속 이어지자 후회가 되어 돌아설까 하였다. 하지만 계곡을 따라 스멀스멀 피어오른 골안개의 신비스러움에 끌려 걸음을 재촉하였다.

가파른 길에 누군가 계단을 만들어 두었다. 아빠와 함께인 아이가 그 계단을 내려오고 있다.

"… 90, 91, 92, 93, 94, 95."

청아한 녀석의 목소리가 하늘로 솟구친다. 아직도 몸을 감추고 있는 절집을 어림짐작하며 계단에 선다.

"아흔다섯, 아흔넷, 아흔셋…."

인생의 가을쯤에 들어선 내가 봄 같은 아이의 흉내를 내어본다. 한 계단씩 오르다보면 나도 저 아이만큼 푸르던 유년의 기억에 가 닿을 수 있으려나. 구새먹은 나무 사지를 벌리고 서 있는 모퉁이에서 잠시 숨을 고르는데 육육봉이 힘을 내라고 채근한다. 금방 손에 닿을 듯한데 모퉁이를 돌면 아직도 길은 이어져 있다. 얼마쯤 내처 걷다보니 그제야 하늘이 빠끔히 열린다. 노을을 받아 금빛으로 물든 바위에 이끼가 달마대사의 모습을 새겨놓았다.

예까지 힘들게 온 길손을 배려하려는 듯 마침내 철도침목으로 길을 이어놓았다. 그 길을 따라 통나무 속을 파내어 물길을 낸 그 마음이 따스하다. 층층이 아래로 이어진 물길을 따라 톰방, 톰방, 한 방울씩 떨어지는 물소리가 청명하게 안긴다. 마침 이른 낙엽 한 잎 어릴 적 띄운 종이배처럼 물 위에 서정을 보태며 흘러내린다.

드디어 절집이 보인다. 세상을 내려다보아야 절인가. 청량사는 혼탁한 세상을 안 보겠다는 듯 태극의 무늬쯤 되는 깊숙한 곳에 안긴 절집이다. 아니 소문에는 열두 봉우리 연화봉 한가운데 연꽃의 꽃술자리에 자리 잡은 절이라고도 한다.

안심당의 작은 팻말이 반기며 묻는다.

'바람이 소리를 만나면?'

눈을 감고 귀를 연다. 과연 속세의 티끌 묻은 귀로도 바람이 소리를 만나는 것을 엿들을 수 있으려나. 골을 타고 내리는 바람이 가슴 속으로 파고든다.

붉은 길 · 셋

분명 나는 사랑에 빠졌다. 마음은 벌써 그에 가 닿아있으니까. 참다 참다 어찌 해볼 도리가 없을 때면 나는 길을 나선다. 몇 개의 고속도로와 국도를 번갈아 달려 불영계곡을 지날 무렵이면 내 설렘은 최고조에 달한다. 울진하고도 삼당리, 근 30여 리에 길게 펼쳐진 분홍빛 꽃구름으로 그는 거기 피어있다.

오늘도 알몸으로 붉디붉은 불을 이고 있는 나무백일홍이 꼬부랑길을 온통 수놓고 있다. 그도 나처럼 사랑에 빠진 것인가. 누가 그토록 그의 마음을, 그의 온몸을 달구었기에 견디지 못하고 불을 뿜는가. 덩달아 내 가슴도 달아올라 식힐 길 없으니 정말 큰일이다.

배롱나무 또는 나무백일홍으로 불리는 그가 있는 길이 많이 생겼다. 백암온천의 가로수는 묵은 나무답게 농익은 여인의 체취를 풍긴다. 그러나 이곳 울진의 배롱나무들은 청상처럼 애련하다. 그래서 나는 해마다 복중(伏中)이면 그들을 만나러 이곳에 온다. 이들은 아직 어려 따로 떼어서는 별로 돋보이지 않지만 군락을 이룬 모습은 가히 장관이다.

어깨동무를 하여 소실점을 이루듯이 길게 펼쳐진 정경을 먼빛으로 보면 분홍구름이 땅 위에 사뿐 내려앉은 듯하다. 아니지, 분홍이불을 펼친 듯하다. 매번 이 분홍이불의 끝머리 어디쯤에서 하룻밤을 지새우고 새벽길을 되짚어 두어 번 더 오간 뒤에야 나는 아쉬운 발길을 돌릴 수 있으니 이 노릇을 어이하면 좋을지.

오늘은 시샘하듯 내리는 비에 젖어 꽃빛 내 길이 온통 더 붉다. 이 붉음을 내 가슴에 품어 다독여야만 나는 여름을 보내고 비로소 가을을 맞이할 수 있는 것이다. 우

오늘 같은 날

산괴불이 진다
애목련은 꽃잎을 떨어트리고 무늬호장초는
색깔 바래느라 분주한데, 이 순간
어디쯤에서 애호랑나비의 분신은 탈피하고 있을까
족도리풀은 시침을 뗀다
저 느긋한 모란의 도도한 자태라니…
'일찍 핀 꽃 잘난 척 말라'
탱탱한 꽃잎이 파르르 떨린다

아! 오늘 같은 날. 박

*수필 「어이 배기랴」

어이 배기랴

노란 산괴불이 지고 있다. 애목련은 바람에 간지럼 타듯 꽃잎을 떨어트리고 무늬호장초는 색깔을 바래느라 분주하다. 애호랑나비의 삶터이기도 한 족도리풀은 진보라 꽃을 뿌리 근처에 감추고 시침을 떼고 있다. 애호랑나비는 그 어디쯤에서 탈피를 하고 있을 것이다.

얼마쯤 몽롱하고 느긋하게 식물원을 거닐다 채 피지 않은 모란 앞에 감전된 듯 멈춰 선다. 일찍 핀 꽃들 잘난 척 말라는 듯한 모란의 도도한 자태라니. 남들 다 시새울 때도 초연하기 만한 몸짓, 그 인내와 끈기로 더 화려한 꽃을 피우는 것이리. 긴 365일 중 짧은 닷새의 개화를 위해 기울이는 온전한 기다림을 어찌 애달프다 않으랴.

금세 꽃망울이 터질 것 같아 곁에서 서성이다 발길을 돌린다. 아쉬운 마음에 소녀의 젖멍울을 닮은 봉오리를 살짝 건드리니 탱탱한 꽃잎이 파르르 떨린다. 살짝 벌어진 꽃잎 사이로 노란 수술이 이내 쏟아질 것만 같다. 줄기를 따라 솟구쳐 올라온 뜨거운 짙붉음이 오롯이 내게로 전해진다.

아! 오늘 같은 날, 사랑하지 않고 어이 배기랴. 우

낭도(狼島)에서

스물일곱,
산다는 것에 절망하기엔 이른 나이였을 것이다

몇 날을 갯바위 망부석으로 지내며 알게 된
토담집 김씨 부부가
피문어 두 마리와 멸치 한 봉지 내밀며
소연하게 웃었다

가까워지는 뱃고동 소리를 멀리 밀쳐내며
아낙이 소리쳤다
"산다는 게 다 그런 것이어라"

낭도에 도착한 날 던진 내 화두에 일주일 만에 나온
그녀의 대답이었다. 박

*수필 「그해 여름」

그해 여름

남쪽으로부터는 연일 갈증을 호소하는 소식이 북상하고 있었다. 그런 여름날, 나는 밤열차를 탔다.

내 나이 스물일곱.

산다는 것에 대하여 절망하기에는 아직 이른 나이였다. 하지만 일곱 빛깔 무지개로 영롱히 빛나야 될 내 청춘에 검은 장막처럼 내려진 어두움. 영원한 별리 앞에서 나는 끝없이 절망스러웠다.

그것에 덧보태 열차가 출발하자마자 코를 고는 옆자리의 아저씨와 "죽어도 고!"를 외치며 화투놀이 하는 사람들의 떠드는 소리가, 어두운 굴 속으로 빨려들며 금속성을 내는 열차가 나를 점점 더 깊은 절망 속으로 밀치고 있었다.

객차 안은 다양한 세상사가 섞여 삐걱이며 굴러가고 있었다. 이탈할 것 같이 뒤죽박죽인 삶을 끌어안고 열차는 끝없는 평행선을 그렇게 달려갔다.

기차역과 담 하나를 사이에 두고 있는 할머니댁은 텃밭을 낀 전형적인 시골집이었다. 주인의 모습보다 더 연륜이 쌓인 축담과 형식뿐인 대문으로 들어서자 정적이 감돌았다. 옆집으로 마실 가신 할머니를 대신해 집을 지키던 누렁이가 섬돌에 그대로 엎드린 채 세상사를 달관한 표정으로 눈만 껌벅거렸다.

나를 반겨준 것은 텃밭을 마당삼아 심어진 여러 종류의 과실나무였다. 젊은이들은 모두 떠났지만 그렇듯 무릉도원 같은 전원 속에서 할머니는 사셨다.

내가 머무는 동안, 여름볕에 달구어진 마당을 에워싸고 있던 감, 석류, 모과, 은행은 각각 자신의 열매를 영글리느라 내게 눈빛조차 보내지 않았다. 그중 모진 풍상 다 겪은 모습으로 내 눈을 끄는 게 있었다. 나지막하게 벙글린 가지에 큰 잎사귀 사이사이마다 조신하게 열매를 맺은 무화과나무였다.

꽃을 피우지 않고 열매를 맺어 무화과(無花果)라 했는가.

잘 익은 열매를 하나 톡 따면 아픔 같은 젖빛 액체를 흘리는 나무. 그 젖빛 액체에서 전해지는 끈적한 아픔 때문에 나는 더 절망스러웠다. 살짝 벌어진 속으로 보이는 꽃잎 같은 속살, 연분홍빛의 발그레한 속살을 한입 베어 물면 시린 듯 달콤한 맛이 또한 나를 눈물나게 했다.

그러나 나는 그렁그렁 고이는 눈물을 흘리지는 않았다. 아직 눈물이 남아 있다는 것은 희망이 있다는 의미가 아닐까.

내게도 정말 희망이 있는 것일까?

할머니는 무화과나무 아래에서 하루해를 소일하는 내가 보기 딱했는지 여수행 열차의 시간에 맞추어 내 등을 밀어내

섰다.

오동도 방파제에서 한나절 바다를 향해 앉아 있었다.

옛날 옛날 한 옛날, 어느 여인이 바다로 나간 남편을 기다리다 망부석이 되었다던가….

그럼 나는 누구를, 무엇을 기다려야 할까. 기다림의 대상이 없다는 것은 또 얼마나 절망적인가.

오래도록 앉아있던 나는 태양보다 더 뜨거운 사람들의 눈길 때문에 자리를 털고 일어섰다. 어차피 그곳이 내 목적지는 아니었으니까.

연락선은 나를 태운 지 한참 만에 낭도라는 섬에 내려 주었다. 저만치 마중 나오는 통통배가 물을 가르며 다가오고 있었다. 내가 찾아가는 곳은 낭도에서도 10여 분 더 가는 무인도였다. 그곳에는 멸치잡이를 하는 세 부부가 있었다. 그들은 겨울에는 여수에 있는 본집으로 모두 철수하고 봄부터 가을까지는 이곳 토담집에 살며 멸치잡이를 하고 있었다. 바다에 그물을 쳐놓고 물때에 맞추어 멸치를 거두어 오면 여인들은 그것을 쪄서 말리는 것이었다.

다음날부터 바다와 가장 가까운 높은 바위에 나도 망부석이 되기 위해 나가 앉았다. 바다를 향해 바위에 앉으면 오른쪽으로는 고흥반도가 보이고 앞쪽 망망한 물결 저 너머는 마라도가 보이는 듯했다.

희망 없는 기다림에 지치면 나는 섬을 몇 바퀴 돌다가 옷을 입은 채 바다 속으로 들어가고는 했다. 차츰차츰 빨리듯 깊이 들어가다 눈앞에 밀려드는 밀물을 보고 울컥 솟는 두려움에 뒤돌아보면 개펄에 남아 있는 내 발자국과 그들의 삶이 그림처럼 보였다.

여기저기 널린 은모래빛 멸치, 한 코, 한 코 그물을 깁고 있는 조금은 억세 보이는 여인, 오랫동안 그들의 남편들과 생사고락을 같이 했을, 그러나 지금은 한유롭게 쉬고 있는 낡은 목선이 섬을 배경삼아 소품으로 각자의 위치에 있었다.

그들은 하루에 두 번 바다로 나갔다. 간조에 맞추어 나간 그들이 돌아올 때면 아낙들은 분주해졌다. 커다란 가마솥에 물을 끓이고 정적 속에서 움직임이 살아나기 시작했다. 운 좋게도 싱싱한 횟감이 낚인 날은 그대로 해변가에 나앉아 작은 잔치가 벌어지고는 했다. 푸른빛이 도는 갈치회와 막소주, 그리고 그들의 검게 그을린 얼굴은 묘한 조화를 이루어 생동하고 있었다. 걸쭉한 농지거리와 높낮이가 다른 웃음 속에는 뭍에 두고 온 가족들과 따스한 겨울을 위한 희망이 담겨 있었다.

그들인들 왜 절망이 없을까. 수시로 높아지는 파도와 아침 저녁 눈에 밟히는 어린 것의 모습, 금쪽같은 멸치와 바꾸어지는 보잘것없는 지전 앞에서 느끼는 자괴감 등을 소박한 웃음의 한 귀퉁이에 묻고 있는지도 모른다.

그들 중 김씨의 모친은 꽃다운 시절에 남편을 바다로 보내고 아직도 망부석이 되지 못했다고 한다. 그 말 속에는 나를 향한 무언의 압력도 있었다. 섣불리 망부석되는 길을 포기하라는….

여름이면 원망스런 파도와 잦은 바람소리에 귀를 곤두세우면서도 손자들의 웃음소리에 위안 받으며 손을 꼽는 김씨의 모친. 이제는 남편이 아닌, 겨울과 함께 돌아올 아들을 기다리고 있을 얼굴도 모르는 그의 어머니 모습이 떠올랐다. 자세히 보니 그 모습은 나를 기다리는 내 어머니의 얼굴이기도 했다.

'그래, 날이 새면 돌아갈 길을 준비하리라.'

뚜우….

꿈결처럼 뱃고동 소리가 들려왔다.

피문어 두 마리와 멸치 한 봉지를 내밀며 아낙이 소연하게 웃었다. 햇볕에 그을린 얼굴에 유난히 흰 치아가 가지런했다.

"산다는 게 다 그런 것이여라."

통통배의 발동기소리를 밀쳐내듯 아낙이 크게 소리쳤다. 도착하던 첫날 던진 내 화두에 대한 일주일 만에 나온 그녀의 대답이었다. 우

2.

성화(聖畫)

청명한 새벽
신문 배달을 마치고 집으로 돌아가는
아이를 우연히 만났다

"고등어니?"
언덕을 오르고 있는 아이의 손에
검정 비닐봉지가 들려 있었다

할머니 좋아하신다며
지난가을 동네 좌판 앞에 쪼그려 앉아 등 푸른
고등어 한 마리를 눈빛으로 만지작거리던

아이는
수줍은 듯 웃고는 먼동이 터오는 길을
뒷모습으로 뛰어가고 있었다. 박

*수필 「고등어」

고등어

'차르륵 탁탁.'

광고지를 끼우는 손이 기계처럼 움직인다. 작업이 끝난 신문은 네 귀퉁이를 반듯이 맞춰 일정 분량씩 지그재그로 차곡차곡 오토바이에 실린다.

새벽 3시, 막 보급된 신문은 잉크냄새가 향긋하며 갓 지은 밥처럼 따끈따끈하다. 모두들 잠들어 있는 시간, 신문을 배달하는 손길이 바쁘다.

폭설이 내리던 어느 날, 신문보급소에 배달 나갔던 소년이 울면서 들어섰다. 소년의 볼은 빨갛게 얼어 있었고 눈물로 범벅이 된 모습은 제 또래 아이들이 따스한 잠자리에 있을 시간이라 보는 이의 마음을 안쓰럽게 했다.

겨울 산동네 비탈길은 더욱더 강파르다. 이 길은 무거운 리어카를 거부하는 몸짓으로 청소부아저씨를 애태우기도 하고 신문을 돌리는 어린 소년까지도 울리는 애환의 고개이다.

평지는 오토바이를 타는 고참들이 배달을 하고 자전거도 못 들어가는 좁은 골목은 어린 중학생, 막내들 몫이다. 빙판진 오르막길은 그냥 오르기도 힘든데 신문을 어깨에 지고 오르자면 멍에를 멘 소가 무거운 달구지를 끄는 것만큼 힘이 든다. 거기에다 연말연시면 쏟아지는 백화점 컬러광고지는 신문의 무게를 곱절로 만들기도 한다.

그날따라 누구네집 발바리가 신문을 돌리는 소년을 얕잡아 보았는지 앙칼지게 짖으며 덤벼들었다고 한다. 쫓기듯 발을 내딛던 소년은 헛발을 디뎌 다리를 접질렸다. 미끄러운 눈길에 신문은 무겁고 삔 다리는 아프고, 너무나 자신의 처지가 서글퍼 울었다고 했다. 한창 사춘기를 핑계대며 어리광을 부릴 때인데 부모 없이 가장 노릇하느라 뜨거운 눈물을 흘리는 그의 고달픔에 마음이 쓰렸다.

그날 이후 나는 서럽게 울던 소년의 모습이 지워지지 않고 무시로 떠올라 우울했다.

그런데 어느 청명한 새벽, 배달을 마치고 집으로 돌아가는 소년을 우연히 만났다. 언제 그런 일이 있었냐는 듯이 씩씩하게 산동네 언덕을 오르고 있는 소년의 손에는 검정 비닐봉지가 들려 있었다. 내 눈이 봉지에 멎자 소년이 멋쩍은 듯 씨익 웃었다.

"고등어니?"

지난가을 할머니가 좋아하신다고 동네어귀 좌판에서 고등어를 사고 있던 소년의 모습이 떠올랐기 때문이다. 소년은 대답 대신 한 번 더 수줍은 듯 웃고는 몸을 돌렸다. 먼동이 터오는 길로 사라지는 소년을 바라보았다. 뒷모습이 성화의 한 부분인 양 아름다웠다.

나는 그 한 마리의 고등어가 충분히 할머니를 따스하게 하고 소년에게는 힘을 줄 것 같아 적이 안심하였다.

내게도 소년처럼 어렵던 시절이 있었다. 하던 일에 실패하고 쫓기듯 무작정 나서서 발길 닿았던 곳이 부산이었다. 새벽기차에서 내려 하루 종일 헤매다 찾아든 영선동 사글세 판잣집은 그나마 내 처지에 과하다 해야 옳을까?

그동안 한 번도 마음 놓고 산 적은 없지만 이렇듯 철저히 빈손이기는 처음이었다. 더 갈데없이 궁지에 몰려 그곳까지 스며든 내 처지가 한심스러워 밤새 뒤치락거리다 일어나 영도다리 난간에 섰다.

저만치 자갈치시장의 환한 불빛이 눈길을 당겼다.

끌린 듯 들어선 그곳에는 목판 위에 올려진 생선들이 저마다 전설 같은 바다의 사연을 간직한 채 누워 있었고 억센 경상도사투리의 아지매와 그에 걸맞은 억양 짙은 뱃사람들의 흥청거림이 밤을 밀어붙이고 새벽을 부르고 있었다.

그들의 생동감에 이끌려 내 처지 따위는 잊고 비린내 그득한 시장을 한 바퀴 돌았다. 질척거리는 바닥에서 끈끈한 열기가 솟아오르고 있었다.

"새댁, 이 고등어 한 무더기 갖다 국 끓여 보거래이. 심(힘)이 팍팍 솟을끼라."

내 허리의 두 배는 됨직한 아지매의 넉넉한 허리치수와 기운 빠진 내 심경을 눈치 챈 듯 힘이라고 강조하는 말에 끌려 나는 그 앞에 슬그머니 쪼그리고 앉았다.

좌판 위에는 드넓은 바다에서 자유를 누렸을 등푸른 고등어가 매끈한 몸매를 과시하고 있었다. 죽어서도 누군가를 위해 몸을 바칠 수 있다면 헛된 죽음은 아닐 것이다. 더구나 삶을 제대로 누리지 못하는 곤고한 사람들에게 활기를 주는 고등어라니….

"고등어로 국을 끓여요?"

"하모, 추어탕보다는 쬐께 못해도 먹을 만한기라. 값은 싸도 영양가는 최고제."

고등어를 흐무러지게 끓인 후 체로 걸러 건건이를 넣고 끓인 탕을 이곳 사람들은 즐겨 먹는다고 했다.

딱 바라진 소쿠리에 담긴 고등어 한 무더기를 사서 돌아서는 내 등 뒤에다 대고 아지매가 한결 높아진 음성을 보탰다.

"건건이 살 때 산초가루 잊지 마소."

자칫 좌절의 늪에서 헤어나지 못했을지도 모를 그때, 새벽시장의 풍경을 섞어 끓인 고등어국이 허리 굵은 아지매 말대로 내게 힘을 주었던 기억이 떠올라 나는 한참을 그 자리에 붙박인 듯 서 있었다.

분명 할머니와 소년은 오늘 하루 그 한 마리의 고등어로 행복할 것이다. 할머니는 손자가 내미는 고등어를 받아드는 순간 잠시 시름을 잊고 미소 지을 것이고 소년은 자신이 뭔가 할머니를 기쁘게 해 드렸음에 마음 뿌듯할 것이다. 그리고는 냄비 하나 가운데 둔 밥상에 다가앉아 순가락질을 하며 사랑을 확인하고 재충전되는 힘을 느낄 것이다. 우

목어는 없던가요

둥둥둥 법고가 울었다
몸에 가죽을 두른 모든 짐승을 위로하기 위해
법고는 온몸으로 서럽게 운다고 했다

동촌리 은수사에 도착했을 때
담홍빛 노을 속에 잠겼다가 되살아난 북소리가
곡선의 탑사를 한 바퀴 돌아 수마이산 잔등을 타고
위로 위로 올라가고 있었다

스님 둘이 법고를 치고 있었다
마주 보고 선 스님의 손이 허공을 가르고
선을 그리며 내려올 때
스님들은 무아지경에 빠지고 있었다

은수사를 떠나면서 나는
목어를 치는 스님을 본 듯한 착각에 빠졌다
내 의식 어디쯤에서 솟구친 기억의 한 자락은

분명 목어를 치는 스님을 보았던 것이다

나의 화두가 된 목어
목어의 실체를 확인 할 것인가 말 것인가
한 편의 글도 쓰지 못하는 신열의 날들을 이끌고
문학기행을 핑계로 서둘러 마이산을 찾았을 때

끝내 나는 그 산을 오르지 못했다
그곳에 목어는 없던가요?
한나절이 지나 산에서 내려온 일행들은 조급해하는
나를 향해 앞다투어 큰소리로 알려 주었다

목어는커녕 법고도 은수사엔 없었다고. 박

*수필 「목어는 어디에 있는가」

목어는 어디에 있는가

둥둥둥 법고가 울었다. 담홍빛 노을 속에 잠시 잠겼다가 되살아난 북소리가 곡선의 탑사를 한바퀴 돌아 수마이산 잔등을 타고 위로 위로 올라갔다.

그날 내가 은수사에 도착했을 때는 마침 저녁 예불시간이라 두 스님이 법고를 치고 있었다. 세상사를 잊어버리고 무아경에 빠져든 두 스님. 북소리와 스님들의 동작은 일치감을 이뤄 숨 막히는 긴장감이 돌았다. 마주 보고 선 스님의 손이 차례로 허공을 가르며 선을 그리고 내려와 힘차게 북을 두드렸다. 다다다다닥, 호흡이 조금만 고르지 못해도 어긋날 것 같은 팽팽한 긴장감….

두두 둥둥둥, 법고는 가죽 가진 모든 짐승을 위로하기 위해 온몸으로 서럽디서럽게 운다고 했다.

나는 음양오행의 순환을 나타낸 정명암에서 유래했다는 태극전을 살짝 엿보고 아직도 북소리의 여운이 남은 듯한 탑사를 한 바퀴 돌았다.

이갑용 처사가 쌓았다는 탑의 선이 참으로 고왔다. 천지탑을 비롯하여 크고 작은 80여기의 탑은 불가사의 그 자체였다. 점점 위로 올라갈수록 가녀려지다 작은 돌 하나로 마침표를 찍은 탑이 비바람에도 끄떡없이 1백여 년을 버텨왔다니 이게 어디 사람의 힘만이겠는가? 꼭대기에 기도 한 자락 올려놓으면 절로 하늘에 닿을 듯했다.

집으로 돌아오면서 나는 조금 전에 법고가 아닌 목어를 치는 스님의 모습을 본 듯한 착각에 빠졌다. 지금 나는 착각이라는 말을 썼지만 사실 내 의식의 어디쯤에서 솟구친 기억의 한 자락은 분명히 목어를 치는 스님을 보았던 것이다. 두 팔을 벌려도 맞닿지 않는 커다란 목어…. 머리가 조금 아픈 것 외에는 지극히 정상적인 상태를 비집고 들어온 혼란을 무엇으로 설명할 수 있을까?

목어(木魚).

옛날 어떤 스님이 스승의 가르침을 어기고 죽은 뒤에 물고기가 되었는데 그 등에서 나무가 자랐다고 한다. 어느 날 스승이 배를 타고 바다를 지나갈 때 나타나 죄를 참회하므로, 수륙재를 베풀어 물고기 몸을 벗게 하고 그 나무로써 물고기 모양을 만들어 달아놓아 수도하는 스님들을 경책하는 도구로 썼다는 목어. 일설에는 물고기는 밤낮 눈을 감지 않으므로 수행자로 하여금 늘 깨어서 꾸준히 수도 정진하라는 뜻으로 고기 모양을 만들었다고도 한다. 그런데 그 목어가, 그것도 한 아름이 넘는 큰 목어가 뜬금없이 어디서 나타났단 말인가.

그날 이후 내게 목어는 하나의 화두였다.

그렇게 은수사를 다녀온 지 꼭 1년이 지난 며칠 전, 문학기행 일정에 마이산이 있었다. 가슴이 철렁했다. 정말 그곳에 커다란 목어가 있는가 확인하고 싶었다.

그런데 서울을 떠날 때의 조급하던 마음과는 달리 나는 입구에서 걸음을 멈추었다. 목어의 실체를 확인을 할 것인가 말 것인가 한참을 갈등하다 끝내 산을 오르지 않았다. 만약, 그 실체를 확인하지 못하면 무너져 내리는 내 마음을 추스르지 못할까봐 용기가 나지 않았던 것이다.

산사를 향해 발길을 내딛는 일행들의 뒷모습에서 시선을 떼지 못하다가 말의 귀를 닮아 마이산(馬耳山)이 되었다는 돌올히 솟은 산을 올려다보았을 뿐이다. 단풍 든 산은 지금이라도 당장 넓은 광야로 달려나갈 듯한 자세의 알맞게 살찐 적토마였다.

얼마의 시간이 흘렀을까? 올라갔던 일행들이 내려오는 모습이 보였다. 그들을 보자 다시 마음이 조급해져 누구에게랄 것도 없이 가까이 온 사람에게 불쑥 말을 건넸다.

"저 혹시 은수사에 커다란 목어가 없던가요?"

"못 봤는데…."

목어는커녕 법고도 못 봤다는 그의 대답과 나의 어리석음에 나는 앙천대소 할 뻔했다.

어찌 눈에 보이는 것만을 진실이라 할 것인가. 그곳에 목어가 있건 없건 그게 무슨 상관인가 말이다. 이미 내 마음속에 자리한 목어가 있지 않은가. 그것이 어떻게 하여 내 마음자리로 들어왔는지 모르지만 그로 인해 내가 작은 깨달음 하나 건질 수 있다면 그로써 족하지 않은가.

돌이켜 보니 목어는 그동안 나태해진 내게 항상 깨어있으라는 경고음이 아니었을까 싶다. 그제야 지난 1년이 뒤돌아봐졌다. 매너리즘에 빠져 한없이 침잠해가던 내 의식 속에 들어온 무의식의 자각. 그 경고음을 인식 못한 무딘 성정으로 지난 1년 몸과 마음을 무던히 앓았다.

밤새 미열에 시달리며 꿈을 꾸다 눈을 뜨면 온몸이 아팠다. 그런 날이 몇 날, 몇 달이 계속되자 내 몸 어딘가에 반갑지 않은 손님이 자신의 영역을 넓혀가는 것 같아 스산했다. 그래도 나는 스스로를 추스르기보다는 보이지 않는 적을 향해 두 손 들고 항복할 자세를 취한 양 무기력하게 시간을 보냈다.

아프다는 핑계로 단 한 편의 글도 쓰지 못하고 보낸 날들…. 그날들은 내게 있어 의식은 있으되 깨어있지 못한 상태였다.

지금은 내 안에 자리한 목어를 횃불 삼아 기지개를 켜야 할 때인 것 같다. 정신을 깨우는 소리가, 내 자아를 깨우는 소리가 이제야 들린다. 다다다다닥…. 우

카페 無名

가을 벌판이
맘씨 좋은 아낙처럼 포근하다
논두렁에 여러 명이 일렬로 앉아 새참을 먹고 있다
군청색 작업복에 노란 모자들
나를 데려온 친구는 씨익 웃으며 내 옷깃을 당겼다
흰색 건물이 더 음산하게 보이는
교도소 담을 끼고 야트막한 산 쪽으로 돌았을 때
無名, 두 글자가 기다리고 있었다
벽돌 한 장만한 크기로 허공에 걸려 있었다
이름이 없다고?

이광수의 「무명」**을 떠올렸다 빨강 양초가 몸을 사르며 옥루를 떨구고 있는 입구를 지나 사차원의 세계로 가듯 무명 속으로 빨려들었다 카페 안에는 무명들이 장작불 앞에 모여 앉아 더러는 재를 다독이며 고구마를 굽고 더러는 차를 마시며 무슨 말인지를 나누고 있었다 우리도 자리를 잡고 앉아 불 속을 헤집기 시작했다 농익은 연시 빛깔로 타오르는 불꽃을 쏘아보며 그 속에 있을 것 같은 내 이름을 골라내려고 오래오래 불 속을 뒤적였다

볼이 붉어진
친구에게서 내 모습을 만나며
죄수와 나와 무명의 관계를 짚어보기 시작했다
자유를 잃은 그들과 자유가 없는 나
명목으로 내게 주어진 이름
수인번호처럼 아무런 의미가 없을지 모르다
화창한 날 이 교도소 앞을 지나서
무명 속으로 다시 한번 들어와 봐야 할 것 같다
내 이름은 무엇일까? 박

*수필 「무명」

**소설에서는 사기꾼 · 방화범 · 공갈범들이 감방 안에서 목청을 돋우어 자신의 죄를 변명하며 짐승처럼 으르렁거리는 이야기가 나온다. 삶의 의미를 잃어버린 죄수들은 오로지 서로의 상처를 할퀴는 것으로 살아있음을 확인하며 하루하루를 지운다.

무명

빛으로 물들어가고 있는 가을 벌판이 맘씨 좋은 아낙네처럼 포근하다. 차창으로 스치는 햇살에 눈이 부셔 실눈을 뜨니 저만치 논두렁에 20여 명이 일렬로 앉아 새참을 먹고 있다. 똑같은 군청색 작업복에 노란 모자가 생경스럽게 다가온다. 그들은 여러 가지 이유로 사회에서 추방당한 자유가 없는 사람들이다.

찻길 옆 제법 넓은 논은 그들의 손으로 경작된다. 감독관의 감시 아래 10명씩 조를 짜서 일을 하는 사람들, 그들은 이른바 모범수들이다. 들일을 하는 사람들은 일이 힘들어도 높다란 담장 속에 갇혀있는 것보다 바깥바람을 쏘일 수 있으니 다행이리라.

도로를 벗어나 솔밭 사이로 2백여 보 걸어가면 나오는 하얀 건물이 의정부교도소이다.

작년겨울, 아침부터 불어대던 스산한 바람에 마음이 시려오던 날이었다. 내 삶이 갑자기 연민스럽고 올가미 같은 현실에 숨 막히는 답답함이 느껴지던 날이기도 했다. 친구에게

잔뜩 찌푸린 날씨만큼이나 우울하다고 했더니 그는 아무 말 없이 변두리쪽으로 앞장서서 걸었다. 내 울적함이 옮겨간 양 그도 말이 없었다.

얼마 후 우린 쭉쭉 뻗은 소나무 사이로 들어섰다. 시내에서 가까운 거리에 이런 솔밭이 있음에 나는 감탄했고 흐린 하늘을 올려다보며 눈이라도 내렸으면 했다.

날씨 탓인지 솔밭길은 대낮인데도 컴컴하고 으스스했다. 나도 모르게 빨라진 발걸음으로 숲길을 벗어나자 겨울 벌판에 황량하게 서 있는 커다란 건물이 나타났다. 높다란 담장에 자유를 가두어 놓고 있는 감옥이었다. 나는 전율을 느끼며 우뚝 섰다.

흰색건물이 회색으로 보일 만큼 가라앉은 하늘빛으로 더욱더 음산하게 보이는 건물을 바라보며 나를 이곳에 데려온 친구의 의도를 짐작할 수 없어 어리둥절했다. 그런 내 심경을 읽었는지 친구는 씨익 웃으며 옷깃을 당겼다.

우리는 교도소 담을 끼고 야트막한 산쪽으로 돌았다. 거기에 벽돌 한 장 크기의 간판에 '無名'이란 단 두 글자가 허공에 외롭게 걸려 있었다. 눈여겨보지 않으면 무심코 지나칠 정도로 허술한 간판, 인적도 드문 이런 곳에서 하얀 바탕에 작은 글씨로 새겨진 무명을 보고 나는 조금 전 교도소를 봤을 때만큼 충격을 받았다. 이름이 없다고?

이광수의 소설 「무명(無明)」에서도 이름 없는 사람들의 이야기가 나온다. 그들은 제각기 목청을 돋우어 자신의 죄를 변명한다. 사기꾼, 방화범, 공갈범들이 같은 감방 안에서 치부를 적나라하게 드러내 보이며 짐승처럼 으르렁거린다. 시간도 멈춘 좁은 공간, 삶의 의미를 잃어버린 그들은 오로지 서로의 상처를 할퀴는 것으로 살아 있음을 확인하며 하루하루를 지우고 있다.

산자락에 안겨 있는 '무명'은 통나무로 지어진 카페였다. 짙은 커피 향기가 바람에 실려 왔다. 나는 카페주인이 왜 하필이면 교도소 옆에다 건물을 짓고 상호를 무명으로 붙였을까 궁금했다. 혹시 이광수의 소설처럼 교도소에 감금된 사랑하는 사람을 기다리며 조금이라도 그와 가까이 있고 싶어 이곳을 지키고 있는 것은 아닐까?

넋을 잃고 있는 나를 툭 치며 친구가 눈짓으로 입구를 가리켰다. 안으로 들어가는 입구는 등나무 터널로 되어 있고 그 아래에 수많은 빨간색 양초가 몸을 사르며 붉은 옥루를 떨구고 있었다. 친구와 나는 촛불 사이에 스민 어둠을 헤치고 현실을 넘어 사차원의 세계로 가듯 무명 속으로 들어갔다.

그곳에는 또 다른 무명들이 장작불 앞에 모여 앉아 있었다. 더러는 재를 다독이며 고구마를 굽고 더러는 차를 마시며 무슨 말인지를 열심히 하고 있었다.

제가끔 자기 말에 열중해 떠들고 있는 그들의 말소리를 아련히 먼데 소리로 들으며 나도 웅크리고 앉아 불 속을 헤집었다.

내 이름은 무엇인가?

까마득해지는 기억의 상실감에 당황하며 농익은 연시빛깔로 타오르는 불길을 바라보았다. 그 속에 있을 것 같은 내 이름을, 아니 우리의 모습을 골라내고자 오래오래 불을 뒤적였다.

우리도 또 다른 무명들이 아닐는지. 내게 이름 지어진 것, 사랑이란 명목으로 집착하는 내 이름조차도 어쩌면 아무 의미가 없을지 모른다. 교도소의 무명들이 뺑끼통을 가지고 싸우고 자신의 죄를 상대 탓으로 돌리려 끊임없이 변명을 하듯이 나 또한 내 작은 위장을 채우려고 질투, 시기, 미움을 키우며 자신의 합리화를 위해 안면몰수하고 끝없는 변명을 늘어놓는 것은 아닐까.

볼 붉어진 내 모습을 건너편 친구에게서 보며 나는 교도소와 무명의 상관관계를, 신체적인 자유가 없는 그들과 마음의 자유가 없는 나의 상관관계를 짚어 보았다.

모레쯤 날씨가 화창하면 아직도 풀지 못한 과제를 위해 교도소를 앞을 지나 '무명'에 한번 가봐야겠다. 우

수채화 한 점

거실벽에 가난한 화가 지망생의 수채화 한 점을 걸었다 아이를 업은 여인이 턱을 괴고 과일자루 옆에 앉아 있고 계집아이가 자루 뒤에서 비죽이 고개 내밀고 있는, 조금은 청승맞은 광경이 예전의 우리 모습 같아 정이 간다

들길을 재촉하지만 걸어도 걸어도 길은 멀다 어깨에 걸린 아이의 잡은 손을 놓칠까 조바심을 친다 온몸에 땀이 밴다 애를 쓰다 보면 꿈이다 어제는 아이 둘을 한꺼번에 업으려고 끙끙거리다 날을 밝혔다

설마하니 다 자란 자식들이 여전히 아이일 수 있는가 강박관념일까? 무의식 속에 잠재하는 어떤 그림자일지 모른다 막 외출에서 돌아온 딸이 그림 속 계집아이를 가리키며 키득키득 웃는다 "엄마, 재 꼭 나 같아요" 박

*수필 「자라지 않는 아이들」

자라지 않는 아이들

밤새 들길을 바삐 걸었다. 끊임없이 발길을 재촉했지만 갈 길이 좁혀지지 않아 조급했다. 걸어도 걸어도 길은 멀었다. 등에 업은 아이의 무게가 어깨를 짓누르고 걸린 아이의 잡은 손을 놓칠까 봐 조바심이 쳐졌다. 온몸에 땀이 배었다. 애를 쓰다 깨어 보면 꿈이었다.

이루지 못한 꿈이 많은 탓일까? 나는 거의 하루도 거르지 않고 꿈을 꾼다. 대부분의 경우 토막꿈을 꾸지만 어떤 날은 선명하게 이야기가 전개되어 꿈을 깨고 나서도 현실감을 찾으려면 시간이 걸린다.

예민한 신경 때문일 것이다. 쉽게 잠들지 못하고 그나마 살풋 잠이 들면 금세 파노라마처럼 꿈이 펼쳐지는 것은. 그중 가장 빈번한 장면이 업고 걸린 두 아이와 허둥대는 내 모습이다.

딸과 아들이 다 장성했건만 꿈속에서는 아직도 자라지 않은 어린아이라는데 내 고민이 있다. 처음 내가 이 꿈을 꾸기 시작한 것은 정말 아이들이 어렸을 때였다. 그 이후 줄기차게 같은 꿈을 꾸지만 꿈속의 내 아이들은 성장을 멈춘 채

나를 안타깝게 한다.

한동안 나는 꿈에 아이들이 보이면 근심이라는 어른들의 해몽을 그대로 받아들였다. 먹는 꿈을 꾸면 감기에 걸리고, 새옷을 이것저것 갈아입으면 좋지 못한 일이 생기고, 명산고적을 유람하면 오랫동안 만나지 못했던 친구를 만난다는 등…. 그런데 요즘 들어 그 꿈이 근심이 아님을 알았다. 여전히 꿈에 아이들을 업고 다녀도 그때마다 별다른 근심거리가 생기지 않았기 때문이다.

강박관념일까? 다 자란 내 자식들이 아무리 꿈이라지만 그렇게 변함없이 어린아이일 수 있는가. 그건 아마도 내 의식 속에 잠재되어 있는 마음의 그림자인 것 같았다.

어제는 아이 둘을 한꺼번에 업으려고 밤새 애를 쓰다 날을 밝혔다.

프로이트는 꿈이란 무의식 속에 잠재된 의식의 반영이라고 했다. 그렇다면 내 의식 깊은 곳에 있는 무엇이 나로 하여금 자꾸 꿈속을 헤매게 하는 것일까? 나는 무엇 때문에 자라지 않는 아이를 업고 노심초사하는 것인가.

한때 아이를 업고 걸리고 전전긍긍하던 시절이 있긴 있었다. 그러나 그건 벌써 옛날이야기처럼 아득하여 지금은 아픔조차 무디어진 상태다. 늦게 돌아오는 나를 대신해 밥을 짓던 일곱 살짜리 딸아이가 석유곤로 앞에서 성냥불을 켜지 못해 울고 있던, 그래서 한동안 나를 많이 서럽게 했던 기억도 언젠가부터는 엷게 채색된 동화처럼 아련한 영상으로만 떠오를 뿐이다. 그런데 왜 꿈속의 아이는 그 일곱 살에서 더 이상 나이를 먹지 않는 것일까?

우리 집 거실에는 어느 화가 지망생의 그림이 한 점 있다. 고학을 한다는 젊은이가 안 돼 보여서이기도 했지만 그것보다는 그림 속에 담긴 모습 때문에 나는 흔쾌히 그 그림을 넘겨받았다.

아이를 업은 여인이 턱을 괴고 과일자루 옆에 앉아 있고 계집아이가 자루 뒤에서 고개를 비죽이 내밀고 있는, 조금은 청승맞은 광경인데 꼭 예전의 우리 모습 같아 정이 갔던 것이다. 아니나 다를까 그림을 받아든 딸이 계집아이를 가리켰다.

"엄마, 얘 꼭 나 같아요."

딸의 말에 마주보고 웃을 만큼 우린 고통스럽던 과거에서 이만큼 비켜 서 있다고 생각했다. 그런데 실은 그렇지 않았던 것 같다. 우리는 그 상황에서 벗어났는데 내 무의식은 아직 그곳에서 벗어나지 못하고 있으니 말이다. 어쩌면 그 그림에 끌린 것도 무의식 속에 잠재된 의식의 반영이 아니었나 싶다.

자신의 삶 중에서 제일 지독했던 고통이나 절실했던 상황 따위는 어디만큼 숨어 있다가 긴장이 풀어질 때마다 꿈이란 방식을 빌어 솟구친단다. 그렇다면 나는 자라지 않는 아이들의 꿈을 앞으로도 계속, 긴 세월 동안 꾸게 될 것이다. 더 이상 내 무의식 속에 새롭게 각인될 고통은 없을 테니까. 우

겨울 포에지

은빛 살결을 바람에 내맡기고
겨울 강이 느티나무 하나 키우고 있었다

카페에 앉아 내다본 느티나무는 발목 아래로
눈을 덮고 엄동의 추위를 삭히고 있었다

강은 가끔 생각에 잠기는 듯했다

수북이 쌓인 숫눈 위로 몸 가벼워진 하늘이
도장 찍은 듯 강변에 내려앉아 있었다

나비전시회가 열리고 있다는 화목원 전시관은
강 건너 저녁 이내에 묻혀 있었다

환청처럼 별박이자나방의 날갯짓 소리가 들렸다

강에 담긴 제 모습을 바라보던 느티나무가
천천히 굽은 고개를 들고 있었다. 박

*수필 「내 사랑의 그들」

내 사랑의 그들

오늘은 운수 좋은 날이다. 내 나무라 이름붙인 느티나무를 만나고 거기에 더해 나의 나비 별박이자나방을, 그리고 또 백량금 화초까지 해후했으니….

엄동 추위 아랑곳없이 은빛 살결을 바람에 내맡기고 있는 강을 따라가다 커피숍 '미스터 페오'에 들렀다. 이곳은 내가 춘천에서 가장 좋아하는 곳이다. 강물이 바라다 보이는 이곳의 분위기도 일품이지만 실은 내가 태어나던 해에 심었다는 느티나무를 만나기 위해 나는 이 찻집을 고집한다.

눈 쌓인 강변에 서 있는 벗은 나무 한 그루. 옷을 빼앗긴 부끄러운 자태로 눈 속에 발 담그고 있지만 전혀 가년스럽지 않은, 오히려 당당해 보이는 느티나무가 강에 담긴 자신의 모습을 내려다보고 있다.

느티나무는 예전 동네 어귀에 마을의 수호신이었듯 풍채가 좋다. 계절 따라 색깔을 달리하면서도 언제나 늠름한 그 품새 때문에 나는 느티나무를 사랑한다. 힘들 때 등을 기대면 따사한 온기로 든든한 버팀목이 되어 줄 것 같아 믿음직

스러워서다.

내가 그 규목(槻木)을 만난 것은 봄날이었다. 호반의 이내가 그리워 춘천에 찾아간 날, 호수지기 박선생이 앞장서 간 곳이 '미스타 페오'였다. 그날은 벚꽃이 구름동산을 이루고 있던 날이기도 했다. 모퉁이를 돌다 언뜻 보니 초가지붕 위에 벚꽃이 덤불을 이루고 있어 흡사 저녁연기가 피어오르는 것 같았다.

꽃향기에 흠씬 젖어 어스름 저녁 강을 바라보는 것만으로도 환상적이었는데 그보다 나를 더 달뜨게 한 것은 내가 태어나던 해에 심어졌다는 느티나무였다. 나는 그렇게 그에게 첫눈에 반했던 것이다.

오늘 아침 우리 일행이 춘천 화목원에 도착했을 때는 온 세상이 어젯밤 내린 몇 십 년 만의 길눈으로 흰 너울을 쓰고 있었다. 수북이 쌓인 숫눈을 보자 나는 셈으로 헤는 나이를 까마득히 잊어버리고 동심으로 돌아가 눈밭에 벌렁 드러누워 버렸다. 처녀지에 찍힌 몸도장 위로 하늘이 성큼 내려앉았다.

나비전시회가 열리고 있는 화목원 전시관에 들어서는 내 귀에 이명처럼 날갯짓 소리가 들렸다면 환청일까. 그 소리는 하얀 날개에 점점이 별빛 닮은 까만 무늬를 가진 나의 분신, 별박이자나방의 부름이 분명하였다.

과연 전시관 한쪽에 그가 함초롬히 날개를 펴고 있었다. 만날 약속은 없었지만 운명 같은 해후, 큰 파장이 온몸에 물결쳤다.

한참 눈을 맞추다 아쉬운 발길로 들어선 식물원에서 또다시 주홍빛 알알이 꿈을 달고 있는 백량금을 만났다. 한때 내게 용기를 북돋워주어 내 등단 작품의 주인공이 된 '백량금'이었으니 그 또한 어찌 반가운 만남이 아니었으랴. 그러니 오늘은 억세게 운수 좋은 날 아닌가.

인연에 연연하는 것 자체가 자연에 역행하는 것일는지 모르지만 나 또한 언젠가는 땅보탬할 몸이니 감히 누가 탓하랴. 우

함허동천(涵虛洞天) 가는 길

초지대교를 건너
왼쪽으로 꺾어 들면 얼어붙은 바다
허연 배를 뒤집고 널부러진다

구름 없는 하늘에 잠긴
겨울바다에 홀려 달리는 해안도로 저만큼
출렁거리는 고깃배들 뒤로
몸채 다 드러낸 채

개흙밭에 폐선으로 누워있는
목선 두 척

한 그루
푸른 나무로 그 꿈의 열정만으로
숨 가쁘 파도를 헤치던
역사

내가 폐선에 끌린 것은
자연 속 풍경으로 삭막한 가슴을 위무하는
끝의 미소를 보았기 때문인가. 박

*수필 「목선 두 척」

목선 두 척

초지대교 건너 왼쪽으로 꺾어들면 함허동천 가는 길이 나선다. 그 길을 따라가다 보니 얼어붙은 바다가 허연 배를 뒤집은 채 거기 그렇게 널브러져 있다. 얼마 전 내린 눈인가, 아니면 썰물 지고 난 뒤 남은 소금기일런가. 군데군데 버캐 자국 선명한 개펄, 그리고 그 너머 회색빛 바다가 한껏 우울함을 연출한다.

구름 한 점 없이 맑은 하늘에 잠겨 있는 곳. '함허동천(涵虛洞天)'이란 지명에 끌려 지난여름 이 길을 가다 긴 차량행렬에 지레 질려 돌아간 적이 있다. 오늘은 길이 뚫려있지만 그보다는 정적이 묻어있는 겨울바다의 가라앉은 듯한 분위기에 끌려 해안도로로 차를 돌린다.

저만큼 개흙밭에 목선 두 척이 몸체를 다 드러낸 채 뭍으로 끌려 나와 있다. 똑같이 다가올 봄을 기다리고 있을 터이지만 그 느낌은 전혀 다르다.

바다와 좀 더 가까이 있는 목선은 난바다로 나갈 꿈을 꾸고 있는지 오롯이 몸을 세우고 있다. 긴 겨울이 끝나고 봄이 오면 넘실대는 너울을 타고 출렁일 자신의 여로를 상상하며 흥분과 기다림으로 충만한 모습이다.

바로 그 옆의 배는 뻘 깊숙한데 발이 빠져 허우적이다 꿈마저 놓아버린 듯 우두망찰한 자세다. 긴 장화를 신고 갯밭으로 가본 사람이라면 수렁에 빠진 장화 그 자리에 남겨두고 발이라도 뽑아 나올 수 있으련만…. 허리춤마저 풀어헤친 듯한 그 품새는 무얼 말하는가.

아무리 큰 풍랑을 만나도 굴하지 않을 듯 꿋꿋이 서 있는 배와 폐기될 운명을 선선히 받아들이는 듯 웅크리고 있는 배, 살아있는 배와 죽은 배, 꿈을 꾸고 있는 배와 꿈조차 사치스러워 몸을 옴츠린 배.

그러나 나는 폐선에 더 마음이 끌린다. 기나긴 여정을 접고 이제는 하늘의 순명을 기다리는 그가 품고 있을 애달픈 사연이 내 가슴을 친다. 그 모습이야말로 제 할일 다 마친 초연한 자세, 달관한 은자의 뒷모습이 아닐는지. 기는 다 소진했지만 지난 세월만으로도 그는 충분히 평화로운 휴식을 가질 자격이 있지 않을까.

수청리 강가에도 거룻배 한 척, 하릴없이 웅크리고 있었다. 한때는 그도 마을사람들을 안고 강을 건너느라 열심을 냈을 터이지만 길과 자동차에 밀려 풀밭에 누워 하늘을 바라고 있었다. 이제 그가 할 수 있는 일이란, 가을이면 낙엽을 받아 안으며 신산스러운 웃음을 짓고 겨울이면 흰 눈을 소복이 둘러쓰고 세월을 죽이는 것뿐이었다.

하지만 그가 간직한 긴 역사를 내 어이 헤아리랴. 한 톨의 씨앗이 바람에 날려 박토에 싹을 틔우기까지의 인고를, 숱한 나날을 비바람에 부대끼며 생존경쟁에서 살아남기까지의 날들을, 한 그루의 나무로 성장하다 어느 날 거룻배로 다시 거듭날 때의 아픔을 어찌 다 알겠는가. 사람들을 그득히 품어 안고 숨 가쁘게 강물을 헤집던 절정의 시절을 짐작만 할 뿐….

이제 그는 마지막으로 자연 속 풍경이 되어 삭막한 가슴을 위로해 주기 위해 투혼을 발휘하고 있는 것이리라.

그러고 보니 또 한 척의 배가 떠오른다. 경주박물관에도 월지(안압지) 석축 앞에서 뒤집힌 채 발견되었다는 쪽배가 동그마니 놓여 있었다.

세 쪽의 나무를 통째로 파낸 뒤 이물과 고물 바닥에 참나무 각재를 가로질러 조립한 배였다. 통나무배에서 구조선으로 넘어가는 형태로 가장 오래된 배란다. 역사 속의 한 자락을 작금의 사람들에게 전해주려고 누세기를 사그라지지 못하고 그 자리에 있는 그, 그래서 나는 이 늙은 배들에게서 삶의 이치를 익히는지 모른다. 우

너에게로 가는 중

북위 34도 17분 21초
길의 끝을 찾아서 토말 표지석 앞에 섰다
길 위에서 수없이 만난 갈등들
그래, 길의 끝인 듯해도 그곳에는 또
길이 있기 마련이었다
출항 준비를 끝낸 배 곁으로 다가갔다
난바다 어디쯤 태풍은 오고 있을 것이었다
파도를 타며 엄습하는 공포
보길도행 마지막 연락선이 격렬한 춤을 추었다
아직은 삶에 집착한다는 증거일까
나에게 주어진 시간을 허투루 쓸 수 없다는
늦어진 긴장이 온몸을 조여왔다
지금은 오후 4시
멀고도 가까운 이에게 급히 문자를 띄웠다
'너에게로 가는 중' 박

*수필 「땅끝에서 길을 묻다」

땅끝에서 길을 묻다

길의 끝을 찾아 나선다. '땅끝마을'이 주는 느낌이 더는 갈 수 없는 막다른 긴장감을 준다. 그 끝에 서면 혼돈스런 일이 끝맺음 될 것만 같다.

사람살이에 하나의 길만 있다면 얼마나 좋으랴만 그렇지 못함에 애로가 있다. 선택의 기로에 서서 생각잖게 길을 바꿔야 할 때의 갈등은 이루 말할 수 없는 고통이다.

길 위에서 수없이 만난 갈등들, 사실상 집안의 가장노릇을 하면서 제일 힘든 것이 무엇인가를 결정해야 할 때다. 한 번의 잘못된 결정이 최악의 결과와 맞닥뜨릴 수 있기에 고심은 그만큼 배가 된다.

그동안 손으로 꼽기 어려울 정도의 크고 작은 선택을 나는 만족해한다. 물론 그 속에는 스스로의 선택에 정당성을 부여하기 위한 체념도 포함되어 있을 것이다. 어쨌든 나는 지난 결정을 후회하진 않는다. 그 상황에서는 그 길만이 최선이었다고 여긴다.

하지만 매번 결정을 하기까지는 애간장을 태우는 과정이

다. 이번에도 그와 다르지 않다. 불면의 몇몇 밤으로 미혹이 풀리기는커녕 점점 혼돈 속으로 들기만 하는 이 상황이 과연 땅끝에 서면 보일까?

버스는 천안에서 논산을 거쳐 영암, 강진 들판을 달린다. 눈부신 은빛을 뽐내는 억새의 군락, 바람에 몸을 맡긴 그들의 너울대는 춤사위에 그렇잖아도 심란한 마음이 더욱 출렁댄다. 내 심사는 아랑곳없다는 듯 여전히 달리는 버스.

북위 34도 17분 21초, 해남군 송지면 갈두리(葛頭), 최남단 토말 표지석 앞에 선다. 이곳에서 서울까지가 천 리, 서울에서 다시 북쪽 온성리까지 2천리로 삼천리강산의 시발점이란다.

아직 땅의 끝은 아닌 모양이다. 바다 쪽으로 또 길이 있다. 기어코 뭍의 끝을 밟으리라는 강박관념으로 계단을 내려간다. 어지럼증이 일지만 여기서 포기할 수는 없는 일이다.

드디어 낭떠러지, 그곳에 까치발로 서서 아래를 내려다본다. 파도만 넘실거리고 있다. 도대체 나는 누구에게 길을 물으러 예까지 달려왔단 말인가. 파도에게? 팽팽하던 신경줄이 탁 끊어지며 자괴감이 몰려온다.

모든 일은 스스로 결정할 일. 나는 이미 해답을 속내에 감춰두고 잠시의 도피행을 한 것은 아닐까.

왔던 길을 되짚어 가파른 계단을 오른다. 팥알 크기의 빨간 열매가 떨어져 바닥에 뒹군다. 어느 나무의 열매인지 궁금하여 고개를 한껏 뒤로 젖힌다. 덤불을 아무리 올려다보아도 어지럽기만 할 뿐 종잡을 수가 없다. 픽, 스스로에게 실소를 한다. 지금 이 순간 저 열매가 내게 무에 그리 중요하단 말인가.

한참을 오르다 숨을 돌리며 뒤돌아보니 아까의 그 열매가 어느 한 나무의 잎에 찍힌 빨간 점으로 다가온다. 모든 게 너무 가까이에서는 보이지 않는 법, 조금만 비켜서면 한눈에 들어온다는 사실이 새삼 깨우침으로 다가온다. 오늘의 나도 저 나무처럼 조금 비켜서서 바라본다면 후회 없는 결정을 할 수 있으리라. 계획 없던 길 떠남도 결국 나를 떠나 나를 바라보기 위함일 것이다.

잠시 지구상에서 가장 오래된 생명체라는 나무의 소리에 귀 기울여 본다. 바위 틈새에 자리 잡은 씨앗 하나가 얼마나 한 세월이 흘러서 나무라는 이름으로 불리어질 수 있었을까.

북미 서해안 일대에 자라는 소나무 종류의 더글러스퍼의 한 살이에 감동을 받았던 적이 있다. 움직일 수 없는 나무의 삶은 불확실하다. 한 번 뿌리를 내리면 그 자리에 매일 수밖에 없는 저들의 운명. 한 그루 나무의 일생을 따라가다 나는 눈시울을 적셨다. 그냥 자라는 줄 알았던 나무가, 숲속 식구들의 생존법칙이 감동스러웠던 것이다.

햇볕을 조금이라도 더 받기 위해 이리저리 몸을 비틀어 온 삭신은 옹이가 져 불구가 되었지만 그래도 생존을 위해 꽃을 피우고 핏빛 열매를 맺은 저 나무 또한 그에 못잖게 애절하지 않은가. 그들의 일생에 비하면 나는 또 얼마나 보잘것없는지. 분에 겨운 내 행동이 갑자기 부끄러워진다.

바람이 분다. 파도가 높다. 난바다의 어디쯤에서 태풍이 오고 있단다. 지금은 오후 4시. 출항 준비를 하는 배 곁으로 다가선다. 보길도 들어가는 마지막 배란다. 파도가 높아 오늘은 더 이상 배가 뜨지 못한다는 말에 냉큼 선창으로 나선다.

그래, 길의 끝인 듯해도 언제나 그곳에는 또 길이 있기 마련이지 않는가.

풍랑이 심하다. 평소에는 50분이면 도착한다는 거리를 출발한 지 두 시간이 되어가건만 배는 여태 파도 위에서 춤을 춘다. 공포가 엄습한다. 아직 내가 삶에 집착하고 있다는 증거이기도 할 것이다.

사랑만 하고 살아도 짧은 인생, 내게 부여된 시간을 허투루 쓸 수 없다는 긴장감이 온몸을 조인다. 멀고도 가까운 이에게 문자를 띄운다.

"너에게로 가는 중." 우

슬픔이 그려준 풍경 둘

세상에는 한 번씩 빛으로 번쩍일 때마다 한 사람씩 영원히 사라지게 만드는 전광판이 있었다 그 섬찟함에 나는 전율에 휩싸였다 "셋이 와서 우째 둘이 돌아갑니꺼…" 아이의 엄마가 흐느껴 울면서 중얼거렸다 "어린아이는 너무 어려서 화장하고 나면 뼛조각 하나 남기지 않으니 더 기다리지 말고 돌아가세요" 전광판은 번쩍거리는 말투로 아이가 이곳에 없음을 알려주고 있었다

"6·25 때 피난 못 가고 방공호에 숨었다가 밥은 어찌어찌 지었는데 축담 밑에 있는 김치단지가 자꾸 눈에 밟히더라구 그걸 가지러 나간 큰며느리가 폭격 맞는 걸 보았어 여기저기로 튀던 살점들… 내가 박복한 년이여 그러고도 참 오래 살았지 이즈음 그 아이가 고운 모습으로 자주 보여" 막 화장장에서 돌아와 찾아뵌 사돈댁 할머니가 카랑카랑한 목소리로 꿈 이야기를 들려주신다. 박

*수필 「저 너머 세상」

저 너머 세상

사람의 이름이 나타났다 사라지는 화장장의 전광판을 보자 나는 섬찟했다. 지금까지 내가 보아온 것과는 전혀 다른 기능을 하는 전광판이었다. 그것은 서울역 앞의 출생자를 나타내는 전광판이나 공항의 출입국을 나타내는 것과는 달리 한 번 번쩍일 때마다 한 사람씩 이 세상에서는 영원히 사라지는 전광판이었다.

"꽃잎처럼 여린 것을 난도질하고도 모자라 이래 보내니 우짜모 좋습니꺼."

소각장 안으로 아이를 들여보내고 전광판에 아들의 이름이 나오자 그녀는 몸부림치다 끝내 까무러쳤다.

친구는 마지막 떠나는 아들을 배웅도 못하고 혼절한 그녀를 데리고 황급히 돌아갔다.

나는 홀로 남아 썰렁한 아이의 분향소 양초에 불을 당기고 향을 살랐다. 유리 저 쪽 너머의 세상을 넘보고 싶어 기웃거렸지만 이상한 소리만이 웅웅거릴 뿐이었다.

어제 오후 S병원 영안실이라는 친구의 전화에 놀라 달려가 보니 마산에 살고 있는 남자 동창생 셋이 서로 등을 맞대고 먼산을 보고 있었다. 늦게 장가들어 아들을 얻었다고 좋아하던 B가 허공에 눈을 두고 손을 내밀었다. 허물어진 채 앉아있던 그의 아내가 나를 보자 흐느껴 울었다.

"셋이 와서 우째 둘이 돌아갑니꺼…."

그녀가 넋나간 사람처럼 중얼거렸다. 그녀는 아이를 잃었지만 돌아갈 길을 걱정하고 있었다. 나는 위로의 말이 부질없음을 절절이 느끼면서 속수무책으로 그녀의 손만 잡았다. 무더운 날임에도 그녀의 손은 얼음장처럼 차가웠다.

심장병으로 고생하던 아이가 요 몇 달 잘 먹고 잘 놀아 행여 이대로 낫는가하고 그들은 몹시 좋아했었단다. 하루하루 늘어가는 재롱에 아이아빠는 그야말로 흠뻑 행복에 젖어 있었다. 그런데 얼마 전 다시 재발하여 부산에서 치료를 받다가 수녀님들의 도움으로 수술을 받기 위해 서울로 옮겨졌다. 의외로 수술결과가 좋았다.

하루하루 차도를 보여 전날 밤까지 마음놓고 있었는데 갑자기 죽다니 이게 웬일이냐며 그녀는 도리어 내게 반문하며 통곡을 했다.

그녀의 품안에서 무엇인가 바닥으로 툭 떨어졌다. 눈처럼 하얀 바탕에 하늘색 곰돌이가 수놓인 아이에게 마지막 입혀 보낼 옷이었다. 빛깔이 하도 고와 눈이 부셨다. 곰돌이가 점점 희미해졌다. 죽은 아이의 보랏빛 입술이 그 위로 겹쳐졌다.

아이의 죽음이라 별다른 절차가 필요하지 않았다. 바로 다음날로 장례수속을 거쳐 옷을 갈아입히고 자는 듯한 아이를 포대기에 싸서 승용차에 태웠다. 우리는 아이가 제 엄마 품에 마지막 안겨 볼 수 있는 기회를 주지 않고 빼앗다시피 하여 트렁크에 실었다. 그런다고 떨어질 정이 아니련만….

연희동 병원에서 문산 쪽으로 가다 팻말을 따라 우측 숲길을 오르자 벽제화장터는 장맛비 속에 음울하게 웅크리고 있었다. 연신 도착하는 차에서 내려지는 운구를 따라 통곡이 메아리쳤다. 빗속으로 스며들던 울음소리가 나지막한 산에 부딪혀 되돌아오고 있었다. 골짜기를 꽉 채운 울음이 산을 울리고 있었다.

접수창구에 서류를 내밀자 소각장 번호와 함께 대리석 건물 깊숙한 곳으로 아이를 쇠침대에 눕혀 밀고 들어갔다. 육중하게 닫히는 철문 앞에서 나는 인간의 한계를 느꼈다. 그동안에도 속속 도착한 망자들도 그 문을 통해 들어가고 있다.

운구 행렬의 주인공들은 사진 속에서 더러는 늠름하게 또는 빙긋이 웃고 있다. 화장터라 그런지 대부분 젊은 모습이라 더 안타깝고 허무해 보여 살아있다는 자체가 허허로웠다.

날카로운 울음소리에 돌아보니 소복을 입은 여섯 살 남짓의 여자아이였다. 애잔한 마음에 나도 명치끝이 빼근해지며 눈물이 고여왔다. 도대체 저 아이는 죽음이 뭔지 알고 우는 것일까? 아니면 구슬피 우는 제 엄마의 모습 때문에 덩달아

우는 것일까.

"죽음, 그거 별거 아니더라. 전쟁통에 가덕도(加德島)로 피난을 갔지. 좁다란 널빤지 하나를 걸쳐놓고 그 많은 사람들이 배에서 내리는데 밀고 밀리면서 바다 속으로 간간이 풍덩풍덩 빠져 죽어도 다들 눈도 꿈쩍 안 하더라."

나의 어머니가 느낀 죽음이었다.

어느 날 밤, 나는 가위에 눌려 꼼짝 못하고 있는 내 모습을 똑똑히 보았다. 자는 듯이 누워있는 내 모습을 선 채로 내려다보며 빨리 일어나라고 애타게 소리쳤지만 목구멍에서 소리가 되어 나오질 않았다. 이대로 죽을 것 같아 공포감이 엄습해왔다.

공포에 질려 옆에 잠들어 있는 딸에게 나를 좀 깨워달라고 소리쳤지만 역시 소용이 없었다. 짧지 않은 시간을 애태우다 짐승 울음소리 같은 외마디가 터지면서 나는 벌떡 일어났다. 온몸이 땀으로 흠씬 젖어 있었다.

혼이 빠져서 나갔다 돌아온 느낌으로 으스스하고 무서워 집안에 불을 모두 밝혔다. 환한 불빛에 밀려 무서움증이 저만큼 밀려났지만 그도 만만한 상대는 아니어서 문밖에서 서성이고 있었다.

내가 느낀 죽음은 공포, 그것이었다.

오래전, 임종을 눈앞에 둔 사돈댁 할머니를 몇 개월간 모신 적이 있었다. 세 며느리가 다들 그럴듯한 사정으로 모실 처지가 못 되어 둘째 며느리인 시누이가 내게 자신의 시어머니를 모시고 온 것이다. 노환으로 거동은 불편하셨지만 목소리는 카랑카랑 하셨다. 나 보기가 민망하면 곧잘 옛날이야기를 하셨다.

"용인에서 6·25를 맞았지. 피난도 못가고 방공호에 숨었다가 밥은 어찌어찌 지었는데 빤히 보이는 축담 밑에 있는 김치항아리가 자꾸 눈에 밟히더라구. 그걸 가지러 나간 큰며느리가 폭격 맞는 것을 똑똑히 보았어. 산산이 튀던 살점들… 내가 박복한 년이여. 그러고도 참 오래 살았지. 이즈음 그 아이가 보여. 아주 고운 모습으로."

그분에게 있어서는 죽음은 말 그대로 한치 눈앞이었다. 더구나 죽어서도 영혼은 가까운 이들 곁에서 떠나지 못하고 맴돈다는 것이다.

정말 그럴까? 고개를 들어 밖을 보니 폭우는 그쳤고 안개만 자욱했다.

아이의 육신은 없어졌지만 영혼은 제 엄마 아빠를 잘 따라가고 있을까?

나는 아직 죽음이 뭔지 관조할 만큼 인생을 살아보지 않아서일까, 도무지 아리송하기만 하다.

소각실 아저씨는 어린아이는 너무 여려 화장을 하고나면

뼈도 남지 않는다고 한다. 그러니 기다리지 말고 돌아가라고 일러주었다.

무거운 발걸음으로 내려오다 뒤돌아 본 굴뚝에서는 버거운 육신을 벗어버린 혼들이 한바탕 너울너울 살풀이춤을 추고 있었다. 우

외줄 타는 여자

가끔 높은 곳에서 떨어지는 꿈을 꾼다
가파른 벼랑을 붙잡고 기어오르려고 안간힘을 쓴다
결국 깊은 나락으로 곤두박질친다
내 몸은 식은땀으로 범벅이 되고 만다

서커스를 보러 간 적이 있다 나를 가슴 졸이게 했던 것
은 올려다보기만 해도 어지럽던 외줄을 타는 소녀였다
가냘픈 몸으로 외줄 위에서 한 발 한 발 내디딜 때마다
숨이 막힐 지경이었다 그녀는 줄 건너 저편까지 서두르
지 않고 숨을 쟁이며 작은 한 걸음을 위해 사력을 다하
고 있었다

어둠을 밀치면 뽀얗게 새벽이 다가온다
하루하루 나는 미끄러져야 하는 걸까
여명 속에서 독감처럼 허탈감이 내 몸을 휘감는다
내가 외줄 위에 올라서 본다

두려움으로 소녀의 얼굴이 창백해진 듯하다 그러나 뒷걸음치기는 불가능하다 목적지를 향한 공포를 극복해야 한다 한쪽 손에 꽃부채를 펼쳐 쥐고 허공을 헤치며 한 발 한 발 앞으로 내디딘다 휘청, 상체가 기운다 마음을 모아야 한다 문득 바람에 스친 풍경이 몸을 떨며 그녀를 곧추세운다. 박

*수필 「외줄타기」

외줄타기

이 나이에도 가끔 높은 곳에서 떨어지는 꿈을 꾼다. 꿈속의 나는 가파른 벼랑을 간신히 붙잡고 기어오르려고 안간힘을 쓰다가 결국은 깊은 나락으로 곤두박질친다. 떨어질 때의, 온몸 신경이 다 쪼그라드는 느낌 때문에 깨고 나서도 개운치가 않다.

계단의 중간쯤에서 떨어지지 않으려고 애를 쓸 때도 있다. 위로 올라가야 하는데 몸은 말을 듣지 않고 그나마 올라간 층계마저도 기우뚱해져 자꾸 끝없이 미끄러지거나 떨어지는 것이다.

며칠 전부터 독감에 걸려 고생을 하고 있다. 이번 감기는 유난히 심해서 나뿐만 아니라 병원마다 환자가 줄을 설 정도로 많고 증세 또한 심하다. 온몸이 쑤시고 침을 삼키기가 어려울 정도이다.

잠을 푹 자고나면 조금 나을 듯하지만 불면으로 인해 두통만 심할 뿐이다. 어렵사리 얕은 잠이 들었다가 예의 그 꿈 때문에 다시 소스라쳐 깼다.

문득 잠시 전 꾸었던 꿈속의 그 모습이 삶을 살아가는 본디 내 모습이 아닐까 생각한다. 모든 근심은 욕심에서 생긴다고 하였으니, 수시로 불쑥불쑥 솟아오르는 응어리 같은 근심의 뿌리는 자족할 줄 모르는 욕심이 아닐까?

삶은 어쩌면 사막의 신기루 같은 욕망의 끄트머리에 매달려 끝없이 곤두박질치면서 그것을 잡으려고 안간힘을 쓰는 것인지도 모른다. 어느 순간, 착시인지도 모르고 바로 눈앞에 있는 것 같은 신기루에 홀려서 달려가 보지만 항상 그만큼의 거리에 있는 오아시스. 분명한 욕심 한 자락이 그곳에 있었다.

"넌 아직도 뛰어다니냐?"

오랜만에 고향에 내려간 날, 마중 나와 있던 동갑내기 사촌이 내게 한 말이다. 여유 있는 느긋한 걸음으로는 이유 없이 불안하고 마음이 급해서 종종걸음치는 내가 안쓰러운 말투였다. 독감을 앓으면서도 팽팽한 신경줄을 늦출 수 없는 이유 또한 그와 무관하지 않다.

설익은 마음만 가지고 쓴 서툰 글을 읽으며 끝없이 추락하기도 하고 순리대로 자라고 있는 아이들에게 터무니없이 많은 것을 바라고는 제풀에 실망할 때도 있다. 또한 모자라는 능력 앞에 미끄럼을 타기도 한다.

누군가 내게 욕심부리지 않고 진실된 삶을 살아왔느냐고 묻는다면 과연 나는 자신 있게 대답할 수 있을까?

아니었다. 때로는 차선을 지키지 않고 중앙선을 넘나들 듯 좌충우돌하기도 했고 잘못을 남에게 전가시키기에 급급했으며 과한 욕심 때문에 항상 몸과 마음을 고달프게 했을 따름이다.

창밖에 진눈깨비가 내리고 있다. 재스민차 한 잔을 들고 창밖을 내다본다. 재스민 향이 다가오질 못하고 주위를 맴돈다. 온몸이 도리깨질을 당한 듯 욱신거린다. 불을 끄고 다시 눕는다. 눈을 감는다.

어렸을 적, 아버지를 따라 서커스를 보러 간 기억이 있다. 다른 묘기들보다 더 나를 가슴 졸이게 했던 것은 올려다보기만 해도 어지럽던, 외줄을 타는 소녀였다. 가냘픈 몸으로 외줄 위에서 한 발, 또 한 발 내디딜 때마다 숨이 막힐 지경이었다. 그녀는 줄 건너 저편의 목적지까지 가기 위해 결코 서두르지 않았다. 차분히 숨을 쟁이고 욕심 없이 바로 눈앞의 한 걸음을 위하여 사력을 다하고 있었다.

그 모습이야말로 진실된 삶을 살아가는 모습이 아닐까. 그러나 나는 어떤가? 외줄에서 한 걸음을 위해 사력을 다하지 않고 욕심 가득한 마음만 키웠던 것은 아닐까?

침몰되는 나를 깨우듯 불을 켜고 일어나 옷을 입고 집을 나선다. 늦은 밤, 몽유병 환자처럼 초점 잃은 눈으로 나서는 나를 딸아이가 걱정스러운 듯 바라본다.

사열병처럼 서 있는 수목들, 달빛마저 가리고 캄캄한 어둠이 매복하고 있는 숲길을 전조등이 비춰주는 거리만큼 가늠하면서 달린다. 긴 숲의 터널을 빠져나와 오른쪽 길로 들어선다.

봉선사 경내는 적막하다. 곤히 잠든 스님들의 단잠을 깨울까봐 까치걸음으로 대웅전 앞에 서 본다. 마음이 복잡할 때면 가끔 이곳을 찾아오지만 나는 아직 이곳 부처님께 예를 드려본 적이 없다. 그러나 자비롭다는 부처님은 불자가 아닌 내게도 경내에 섰다는 이유만으로 마음의 고요를 넉넉히 준다. 또한 덤으로 시원한 약수 한 쪽박 마실 수 있는 여유까지 주어서 좋다.

어둠을 밀쳐내면서 뽀오얀 새벽이 다가온다. 여명 속에서 한 해를 되돌아본다. 그토록 바쁘게 살아왔지만 매번 이맘때쯤이면 슬며시 독감처럼 내 몸을 휘어잡는 시간에의 허탈감. 얼마나 더 살아야 지난 삶에 만족하며 고개를 끄덕일 것인가?

줄을 타던 소녀를 떠올려 본다. 내가 외줄 위에 서 본다. 어렵사리 한 발을 떼어 보지만 목표지점이 아물아물해지며 두려움으로 온몸의 솜털이 오롯이 일어난다. 그러나 뒷걸음치기는 더더욱 어렵다. 도달하고자 하는 저곳을 향한 내 조바심과 두려움은 극복되어야 할 것이다. 이건 정녕 욕심이 아니라 삶의 목표일뿐이라고 변명하고 싶다.

바람에 스친 풍경이 가늘게 몸을 떨며 나를 일으켜 세운다. 진눈깨비는 멎었지만 습한 길을 미끄러지지 않게 발뒤꿈치에 힘을 주고 또박또박 걷는다. 걸음이 꼬이지 않게 신경을 모으고, 외줄을 타듯 앞을 향해 걷는다.

꿈같은 삶을 그곳에 두고 곧추 걸어 나오는 동안 독감은 사위어갔다. 우

그래요, 나요? 그럼요!

오늘 지하철에서 당신을 보았습니다
하마터면 당신을 알아보지 못할 뻔했지요 첫눈에
당신을 알아보지 못했던 것은 짙은 립스틱이
아니라 웃음소리 때문이었던 것 같아요

그래요, 웃음소리요
두 아들과 어우러지던 웃음소리는 당신을
전혀 딴 사람으로 보이게 했지요
산소에 다녀오세요? 어느 여인이 당신에게 다가가
인사를 나누며 그 돗자리를 가리키지 않았다면
당신을 기억해 내지 못했을 겁니다

당신과 지하철을 탔던 적이 있어요
검정색의 바지와 코트를 입은 당신은 한동안
여느 사람들처럼 앉아 있었어요
얼마쯤 지났을까요 당신은 별안간 어깨를 들썩이며
흐느끼기 시작했어요

주위 시선도 아랑곳없이 오열하던 당신
바라보는 이들이 더 당황스럽지 않았을는지요

나요? 그랬지요
가장 가까운 사람을 떠나보낸 슬픔이라 여겼지요
그때 창밖에 민들레 홀씨 같은 눈이 내리고 있었어요
당신이 허공에서 춤을 추는 눈을 보고 그처럼
흐느꼈다면 좋겠다고 그럼 행복한 사람일거라고
생각했어요 흩날리는 눈을 보며 눈물 흘릴 수 있다면
세상은 살만하지 않을까요

이제는 당신도 알았을 거예요
혼자 사는 여자는 감상적이면 안 된다는 사실을요
닥쳐온 운명을 순순히 받아들일 수 있었나요
인생이 예상대로 흘러가는 것은 아무것도 없다지만
이건 너무하다고 가슴을 쳤겠지요
아니에요 운명은 어쩔 수 없다고 치더라도
주위의 편견 때문에 더 당황했을 거예요

상실의 슬픔보다 더 견디기 힘든 수치였을 거예요
그렇지만 시간이 약이듯 당신도 무표정으로
그들의 시선을 바라볼 날이 있을 거예요
아무려면 어때요 남겨진 시간이 더 절실할 터인데요

당신과 두 아들의 뒷모습 그 삼각 구도는
충분히 안정되어 보여 나는 적이 안심했어요

그럼요! 립스틱 입술은 그들을 향한 도전이라고…
여자는 약해도 어머니는 강한 법이니까요
오늘은 당신을 위한 기도를 하겠어요
여자의 길을 가는 당신을 위해 두 손 모으겠어요. 박

*수필 「혼자된 여인」

혼자된 여인

오늘 지하철에서 당신을 보았습니다. 하마터면 당신을 알아보지 못할 뻔했지요. 첫눈에 당신을 알아보지 못했던 것은 짙은 립스틱 때문이 아니라 웃음소리 때문이었던 것 같아요. 그래요, 웃음소리요. 두 아들과 어우러지던 웃음소리는 당신을 전혀 딴사람으로 보이게 했지요.

"산소에 다녀오세요?"

어느 여인이 당신에게 다가가 반갑게 인사를 나누며 들고 있던 돗자리를 가리키지 않았다면 나는 당신을 기억하지 못했을 겁니다.

몇 달 전 당신과 함께 지하철을 탔던 적이 있어요. 검정색의 바지와 코트를 입은 당신은 처음 얼마 동안 여느 사람들처럼 앉아 있었어요. 10분쯤 지났을까요? 당신은 별안간 흐느끼며 어깨를 들썩였지요. 주위 사람들의 시선도 아랑곳없이 오열하던 당신. 마흔이 넘어 보이는 여인이, 그것도 지하철에서 갑자기 울음을 터트렸다면 바라보는 이들이 더 당황스럽지 않았을는지요. 어쩌면 각자가 자신의 잣대로 당신의 눈물을 해석했을 것입니다.

나요? 그랬지요. 가장 가까운 사람을 아주 멀리 떠나보낸 슬픔이라 여겼지요. 바로 그때였어요. 창밖을 보니 민들레 홀씨 같은 눈이 훨훨 날리고 있었어요. 당신이 만약 허공에서 춤을 추는 저 눈을 보고 그처럼 흐느꼈다면 좋겠다고, 그럼 당신은 아주 행복한 사람일거라고 잠시 생각했어요. 어쩌면 그건 내 기원이었는지도 모르겠어요. 젊은 여자가 가까운 사람과의 영원한 별리 앞에 얼마나 속수무책으로 무너져야 하는지를, 얼마나 애끓는 심정으로 밤을 맞아야 하는지를 아니까요.

그래요. 흩날리는 눈을 보고 눈물 흘릴 수 있다면 세상은 살만하지 않을까요. 그러나 당신도 이제는 알았을 거예요. 혼자 사는 여자는 감상적이면 안 된다는 사실을요.

당신은 자신에게 닥쳐온 운명을 순순히 받아들일 수 있었나요? 우리 인생이 예상대로 되는 것은 아무것도 없다지만 그래도 이건 너무하다고 가슴을 쳤겠지요. 아니에요. 운명은 어쩔 수 없다고 치더라도 주위의 편견 때문에 더 당황했을 거예요. 이 사회가 얼마나 혼자 사는 여자를 고정관념의 잣대로 재며 색안경을 쓰고 보는지를 알기에는 별로 시간이 걸리지 않았죠? 그건 아마 상실의 슬픔보다 더 견디기 힘든 수치였을 거예요.

나는 오늘 당신의 짙은 입술이 그들을 향한 도전이라는

걸 느꼈어요. 그러나 시간이 약이듯이 당신도 그들의 시선을 무표정으로 바라볼 날이 있을 거예요. 아무려면 어때요. 당신에겐 남겨진 자식들과의 생활이 더 절실할 터인데요.

당신과 두 아들의 뒷모습, 그 삼각형의 구도는 충분히 안정되어 보여 안심했어요. 그럼요, 여자는 약해도 어머니는 강한 법이니까요. 오늘 밤엔 당신을 위한 기도를 하겠어요. 강한 어머니의 길을 가는 당신을 위해 두 손을 모으겠어요. 우

3.

까시쟁이나무 키우기

한 사람을 미워하던 때가 있었습니다 누군가를 미워하는 것은 가슴 속에 까시쟁이나무 한 그루 키우는 일과 같았습니다

내 약손가락 마디에는 늘 작은 흉터가 남아 있었습니다 어느 날 무심코 손을 내려다보다가 깜짝 놀랐습니다 평생 함께할 것 같던 그 상처가 흐르는 세월에 마모되었는지 알아보지 못할 만큼 희미해졌기 때문입니다

지난여름 바람결에 그 사람 소식이 묻어왔습니다 중병을 앓고 있다는 말에 내 가슴이 철렁 내려앉았습니다

미워하고 사랑하며 살아가는 세상에서 무한정으로 미움을 키우는 일은 하지 말아야 할 일입니다 가슴 찢어지는 고통이나 미움조차도 생의 끝자락에서 뒤돌아보면 다 부질없을 테니까요

한 사람을 미워하던 때가 있었습니다 이 가을엔 그에게 까시쟁이나무 대신 희망의 나무 한 그루 심어줄 수 있다면 좋겠습니다. 박

*수필 「미움으로 자라는 나무」

미움으로 자라는 나무

어느 한 사람을 미워했던 적이 있습니다.

누군가를 미워한다는 것은 가슴 속에 까시쟁이나무 한 그루 키우는 것 아니겠습니까? 그 까시쟁이나무가 무성한 가지를 드리우고 뿌리를 깊게 박을수록 상처받는 것은 나 자신이 아닐까 하면서도 마음을 다스릴 수가 없었습니다.

나는 할머니 산소를 거미줄처럼 파고 들어가 시신조차 쉴 수 없도록 만든 까시쟁이나무의 그 파괴성과 집착성에 치를 떨었던 적이 있습니다. 그것들은 아무리 뽑고 잘라 내어도 끈질기게 뿌리를 내렸습니다. 시신을 자양분 삼아 더 무성히 자라는 것 같았습니다.

할머니는 살아생전 편치 못했던 육신을 죽어서조차 편히 쉬지 못하고 이리저리 쫓겨다녀야 했고 몇 번의 이장 끝에 자유를 얻었을 때는 까시쟁이의 패악성을 한 움큼의 앙상한 뼈로 보여 주었습니다. 미움을 키운다는 것은 그처럼 까시쟁이를 키우는 것이라고 생각합니다.

어느 한 사람이 죽도록 미워서 내가 있는 세상에 그가 없었으면 싶었고 그가 있는 세상이라면 내가 없었으면 했습니다. 그럼에도 불구하고 그와 나는 아직 죽기에는 젊은 나이였고 같은 하늘을 이고 살아야 할 처지였습니다.

내 약손가락 마디에 흉터가 있었습니다.

어렸을 때 꼴을 베는 친구가 재미있어 보여 조르고 졸라 건네받은 낫은 시퍼런 빛이 났습니다. 그 빛에 눌렸던 것일까요? 서툰 낫질 한 번에 생긴 상처는 오래도록 나와 함께 세상을 살아왔습니다. 아니 그 상처가 내 몸의 일부분처럼 익숙해져 언젠가부터 잊고 살았다는 표현이 더 정확할 것입니다.

어느 날 무심코 손을 내려다 보다 나는 깜짝 놀랐습니다. 평생 함께할 것 같던 그 상처가 흐르는 세월에 마모되었는지 시나브로 알아보지 못할 만큼 희미해졌기 때문입니다.

아무리 고통스런 기억도 망각이란 신약이 있어 치유해 주는 것인지, 손가락의 상처처럼 그를 향한 미움도 세월 따라 희미해졌습니다. 세월이란 내게 나이만 보태준 것이 아니라 상대를 용서할 수 있는 마음을 덤으로 줬는지도 모릅니다.

그런데, 지난여름 바람결에 그의 소식이 묻어왔습니다. 중병을 앓고 있다는 소문에 가슴이 철렁 내려앉았습니다. 가까운 사람들 모두 떠나버리고 자신의 몸 속 깊숙이 침투한 까시랭이 닮은 암덩어리와 외로운 투쟁을 하고 있다는 그를 떠올리자 왠지 모를 회한이 온몸을 옥죄었습니다.

한때 그가 불행하기를 바란 적이 있던 내가 아니었던가? 그렇다면 나는 지금 고소를 금치 못해야 합니다. 그런데 이 착잡하고 복잡한 심경은 무엇이란 말입니까.

자신의 의지와 상관없이 결코 순탄하지 않은 인생을 살아온 것이 역력한 그의 삶에 갑자기 연민이 일었습니다. 그도 자신의 가슴에 누군가를 향하여 증오를 뿌리 삼은, 미움으로 자라는 나무를 키웠던 것이 아닐까요?

미워하고, 사랑하고 얽히고설켜 살아가는 세상에서 무한정으로 미움을 키우는 일은 하지말 일입니다. 가슴 찢어지는 고통이나 미움조차도 생의 끝자락에서 뒤돌아보면 다 부질없을 테니까요.

이 가을에 그에게 까시쟁이나무 대신 희망의 나무 한 그루 심어줄 수 있다면 좋겠습니다. 우

고달사지에서

누군가 부르는 소리를 쫓아 발길을 재촉했다 눈앞에 있어도 다른 생각 탓에 보지 못하는 이도 있겠으나 마음이 곡진하면 시간의 흔적은 누구에게든 가리지 않고 현시하는 모양이라고 생각했다

달개비며 산여뀌며 초롱꽃이며 자잘한 것들이 밝혀놓은 푸서릿길을 호사스러운 발걸음으로 걸어가다가 제 몸뚱이 도둑맞고 속울음 삼키면서 너른 벌판을 지키고 있는 연화좌蓮花座를 만났다 그 돌연꽃 속에 불보살 한 분 무심한 듯 들앉아 계셨다

돌아 나오는 길,
뒤돌아보니
망초꽃 하얗게 내 전생을 끌어안고
서 있었다. **박**

*수필 「빈 절터 한 곳」

빈 절터 한 곳

언제부턴가 내 자투리시간은 길이 되었다.

유한한 인간이 헬 수 없는 긴 세월의 생명력을 드러내 보이는 길을 찾아, 또 그들이 부르는 소리를 쫓아 발길을 재촉하면서 나는 희열을 느낀다. 눈앞에 있어도 다른 생각 때문에 보지 못하는 이도 있겠으나 마음이 곡진하면 시간의 흔적은 누구에게든 가리지 않고 현시하는 모양이다. 그 가운데서도 오늘처럼 유리상자를 통해서나 볼 수 있는 보물을 지척에서 바라보고 손으로 만지며 숨결을 나누거나 옛터에 숨어있는 이야기를 짐작하는 날은 횡재에 다름 아니다.

한 번 날개를 접었다 펴면 구만리를 날아간다는 장자의 붕새처럼 창공에 나래를 활짝 펼친 구름, 그 모양새를 흉내내느라 한껏 그림자를 넓힌 느티나무도 4백여 년 세월 또한 만만치 않아 그늘이 깊다. 그 아래에 차를 세우면 아직 발굴작업이 진행중인 고달사지 안내판이 나선다.

언제 문을 닫게 되었는지 분명치 않은 절터다. 그러나 한때 신라 왕들의 보호를 받아 큰 사찰로서의 면모를 유지하기도 하였단다. 절은 간곳없지만 여기저기 흩어져있는 예사롭지 않은 탑과 석등, 석불대좌 등이 영화를 누리던 곳이었음을 충분히 암시한다.

자잘한 꽃들이 길을 밝혀주는 푸서릿길을 간다. 개망초, 초롱꽃, 달개비, 산여뀌 등등. 꽃길을 가는 발걸음, 이보다 더 호사스런 걸음이 어디 또 있으랴 싶다. 잠시 꽃향기에 취하다 보니 불상(佛像)을 잃어버리고 속울음 삼키며 너른 벌판을 지키고 있는 대좌(보물 제8호)와 맞닥뜨린다. 몸뚱이를 도둑맞고 허망하게 하늘만 담고 있지만 내 눈에는 오히려 천지를 다 괜 듯 늠름하다. 큼직한 사각형이 유연한 느낌을 주는 것은 율동적이면서도 팽창감이 느껴지는 연꽃잎의 돋을새김 때문이리.

바로 옆에는 거북 한 마리가 엎드려 지킴이 노릇을 하고 있다. 원종대사 혜진탑비(보물 제6호)다. 용의 머리를 한 거북의 네 다리와 손톱 끝의 조형이 사실적으로 예리하다. 허나 그것만으로는 인간들의 욕심을 저지하기엔 턱없이 부족했나보다. 그 역시 긴 세월을 지켜낸 제 몸뚱어리는 박물관에 빼앗기고 귀두(龜頭)와 이수(螭首)만으로 허공을 지고 있다.

세련미가 묻어나는 이 불상들은 모두 고달이라는 석공이 만들었다고 한다. 가족들이 굶어 죽는 줄도 모르고 혼신의 힘을 바쳐 절을 이룬 석수장이. 끝내 머리를 깎고 스님이 된 그의 이야기가 전설로 남아있다. 한 덩이 돌에다 혼을 심어

세월 건너 이만큼으로 전달한 그가 있었기에 우리는 지난 역사의 미미한 부분이나마 느낄 수 있는 것이다.

산자락에 또 한 기의 불탑이 눈에 띄어 가까이 다가선다.

천년의 침묵을 깨는 내 발자국소리에 놀라 다복솔에 앉았던 백로 한 마리 훌쩍 날고 스치는 바람에 옥수숫대 서로 몸을 부딪는 소리가 마치 소나기 한 줄금 오는 양 쏴아 거린다. 옥수숫대 내 더위를 쫓아주느라 빗소리를 흉내내는 것일까. 인간의 발길을 경계하는 소리일까. 어쨌든 불청객 때문에 작은 소요가 이는 것 같아 미안한 마음으로 숨조차 아껴 쉰다.

탑(보물 제7호) 상단에 혹부리 영감의 혹처럼 둥지를 튼 벌들이 나를 향해 윙윙거린다. 아마도 옥수수밭에 서 있던 허수아비를 눈여겨 본 듯하다. 그래서 저들 나름으로 인간의 접근을 막느라 집을 짓고 새끼를 치는 셈평인 모양이다. 아니면 탑을 지키려는 간절한 원을 세워 환생한 고달스님일런가. 자신이 부처님께 봉양한 신령스런 재물을 무지막지한 인간에게 도적질 당하는 것을 차마 지켜볼 수 없었던 것은 아닐까?

잠시 후 사위는 다시 적막 속으로 잠겨든다. 역사의 진실도 그 적막만큼의 높이와 깊이로 숨을 쉴 터이다. 오랫동안 잠들지 않고 장구히 흐르는 역사, 부지런히 잠에 취했다가 깨어났다 하는 것은 백로와 꿀벌과 사람뿐. 우리 인간들이야말로 하루 자고 깨는 일로서 무한한 일들을 쉽게 가늠하는 것은 아닐는지.

나를 조롱하듯 어디선가 뻐꾸기 소리가 들린다. 뻐꾹 뻐꾹 뻑뻑꾹. 네가 뭘 알겠니. 그렇지, 안 그렇지. 뻐꾹 뻑뻐꾹.

좌측 돌계단 위에 있는 또 하나의 부도(국보 제4호)를 향해 올라서지 않기로 나는 단호히 마음을 먹는다. 그 역시 세월의 더께만 온몸으로 녹이며 지난 일에 대해서는 여전히 침묵할 것이므로….

속세로 걸어 나오다 뒤돌아보니, 망초꽃이 하얗게 역사를 끌어안고 서 있다. 우

화양연화

달이 천태산을 오르고 있었다
능선에 걸린 달빛은 이쪽으로 넘어오질 못하고 있었다

길머리에서 아래쪽 안태호가 물의 등을 타고 오르며
위쪽 천태호를 채우려고 애쓰고 있었다

한껏 몸집을 키우고 그 곁에 다가가지만
다시 아래로 굴러내리는 몸짓이 물빛에 시리다

가슴에 그득 품어 안은 물결이
저녁 바람에 높게 일렁인다

문득 솟구쳐 올라 안태호 수면에 반사된 달빛
복사꽃 향내에 젖어 천태호를 향해 질주하기 시작했다

꽃 피면 달 생각하고 달 밝으면 술 생각하고
꽃 피자 달 밝자 술 얻으면 벗 생각하네

언제면 꽃 아래 벗 다리고 완월장취(玩月長醉) 하리뇨

- 이정보 「해동가요」

이만큼 어우러졌으니 더 바랄 건 없겠다
새벽 기차가 기다란 선으로 느리게 지나가고 있다. ■

*수필 「꽃 피자 달 밝아」

꽃 피자 달 밝아

밤은 이슥한데 열이레 달은 여태도 천태산을 힘들게 오르고 있다. 노란빛이 주위를 밝힌 지 오래건만 달이 산꼭대기에 걸려 이쪽으로 넘어오질 못한다. 힘들게 오르는 달의 엉덩이를 누구 밀어주지 않으려나, 조바심이 난다.

한참을 지나 겨우 둥긋한 얼굴을 내민 달을 향해 일행은 너나없이 동시에 신음 같은 감탄사를 연발한다.

저녁나절 삼랑진을 거쳐 이곳에 오는 내내 우리 동인 가운데 으뜸의 풍류객인 유선생이 자랑하던 복사꽃길이 빈말이 아님을 알게 되었다. 영덕의 어름에서 만났던 복숭아 꽃장처럼 온 천지가 벌겋게 신열을 앓고 있었다.

천태산 자락의 안태호가 내려다보이는 곳에 집을 짓고 유선생 내외는 자연처럼 살고 있다. '사계'라는 옥호에 걸맞게 눈을 뜨면 매일 다른 색깔의 그림을 그리는 풍경에 흠씬 젖어 숲의 숨결이 더없이 그리운 이들에게 봉사하고 있는 그분들이 나는 몹시 부러웠다.

그리움이 한껏 부피를 키운 게 전해졌을까. 드디어 가까운

문인들이 그곳에 모인다는 소식에 나도 덩달아 열차에 몸을 실었던 것이다.

달팽이처럼 구불구불한 길을 돌고 돌았다. 그리고는 봄볕 무르익은 길머리에서 나는 안태호를 만났다. 너른 가슴에 그득 품은 물이 바람에 일렁이고 있었다. 위쪽에 있는 천태호로 물을 자아올려 양수발전을 한다고 했다.

아무리 힘들게 밀어 올려도 꼭대기에 이르면 다시 아래로 구르는 시지포스의 바위처럼 쉼 없이 반복하는 허망한 몸짓이 그의 운명이다. 처연한 물빛에 금세 가슴이 먹먹해졌다. 천태호 또한 애잔하기는 마찬가지다. 밤이면 밤마다 애간장을 태우며 위로 끌어올리지만 그 사랑을 잡아매지 못하고 종내 아래로 내리 쏟아야만 하는 서글픈 운명. 그래서 그도 저리 시린 물빛일런가.

잠시 센티해진 마음을 추슬러 유선생이 운영하는 '사계(四季)'에 들자 보고 싶은 얼굴들이 반겨주었다.

봄밤이 절로 깊어간다. 몇 잔 술에 취기가 도도해진 우리는 달빛에 끌려 밖으로 나선다. 이 밤을 그냥 흘려보낸다면 힘들게 솟구친 달에 대한 예의가 아닐 터. 호수를 끼고 솔내음과 복사꽃의 향기에 젖은 채 옆사람의 체온을 느끼며 걸어본다. 수면 위로 반사된 달빛이 화살을 쏘아 올린다.

꽃 피면 달 생각하고 달 밝으면 술 생각하고
꽃 피자 달 밝자 술 얻으면 벗 생각하네
언제면 꽃 아래 벗 다리고 완월장취(玩月長醉) 하리뇨
- 이정보, 「해동가요」

옛님은 언제쯤이면 달구경하면서 벗과 오래도록 술에 취해 보냐고 노래했으나 오늘 우리는 이 밤 그 모두가 어우러졌으니 더 바랄 게 없으렷다.

저만큼 새벽기차가 긴 선을 그으며 정취를 보태고 있다. 우

나의 하늘에는

하늘에는 별이 보이지 않았다
달동네 나의 하늘에도 별은 보이지 않았다
나는 고개 들어 별을 볼 줄 몰랐다

바람을 안고 찾은 바다는 몸부림치고 있었다
파도를 부추겨 바위를 후려치고 있었다
남아있는 내 삶의 희미한 모서리를 바다는
죽음의 색깔로 핥아대고 있었다

지칠 줄 모르며 마구 달려드는 파도
아, 그러나 그 바위 하나 제 자리에 서서
태연히 파도와 맞서고 있었다

산다는 게 저런 건지 모르겠다고 생각했다
허망의 굴레를 벗겨 바다에 던져주고
딸에게 줄 소라껍질 하나 주머니에 넣고 돌아온
나의 하늘에 별들이 빛나고 있었다

절망의 파도를 헤치며 골라낸 한 올의 꿈
딸아이와 함께 알파벳을 외우며
그래도 세상은 살만하다고 생각했다. 박

*수필 「별을 볼 수 있어 참 좋다」

별을 볼 수 있어 참 좋다

얼마 전 의정부로 이사를 했다. 서울 특별시민에서 수도권의 보통시민으로 밀려난 것이다. 뭐 서울 특별시민이라고 해서 특별히 내가 잘나서도 아니요, 말만 서울시민이었지 대단한 권리를 누리며 지낸 것도 아니었다. 다만 그럭저럭 그 속에 섞여서 그런대로 서울시민이란 자긍심을 가지고 살아왔는데 주변인으로 밀려나고 보니 기분이 그리 좋지 않았다.

위안을 삼을 것이 있다면 10여 년을 꿈꾸어 오던 우리만의 둥지를 마련했다는 것이고 다닥다닥 붙은 집들 속, 좀처럼 해를 구경하기 힘든 컴컴한 셋방에서 살다가 15층에 자리한 내 집에서 하루 종일 해 구경을 실컷 할 수 있다는 점이다. 그러고보니 좋은 것이 어디 해뿐이랴. 거실에 누워서도 산이 보이고 밤이면 달도 내 품속에 마음껏 안을 수 있고 특히 별을 볼 수 있어 참 좋다.

나는 한때 서울 하늘에는 별이 없는 줄 알았다. 고개만 들면 우리를 환상 속으로 데려가던 미리내, 내 고향 작은 마을에서 보이던 그 많은 별들이 서울 하늘에서 보이지 않아 얼마나 서운했는지 모른다.

물론 하늘과 제일 가까운 동네인, 달동네에서 살고 있던 나는 누구보다 더 별과 가깝게 살고 있었다. 그러나 나는 고개 들어 별을 보는 것을 잊고 살았다.

어느 날 갑자기 초롱초롱한 눈빛이 전 재산인 남매와 함께 세상에 내팽개쳐졌을 때부터 나는 별을 잊어버렸는지 모른다.

갑작스런 남편과의 이별, 그리고 절망.

그로 인한 충격 또한 컸지만 그러나 그 충격을 곱씹을 만큼 한가롭지 않았다. 아이들의 눈빛을 내가 살아야 할 이유의 전부로 해서 나는 새벽거리로 나섰다.

그리고 닥치는 대로 일을 했고 달동네와 조금씩 멀어지는 동안 아이들의 자라는 키만큼 세월이 흘러갔다. 아이들은 어느새 저절로 인 듯 자라 있었지만 짧지 않은 시간과 쉽지 않은 날들이 모아져 커진 키였다.

어느 날 나는 딸아이의 중학교 입학식 날 찍은 스냅사진 한 장을 들고 아연했다. 그 속에서는 딸보다 작고 왜소한, 나이보다 겉늙어 보이는 낯선 사람이 서 있었다.

이 낯선 얼굴이 나란 말인가? 나는 그동안 나를 잊어버리고 잊어버린 것조차도 잊고 살아왔단 말인가. 애련한 아픔이 칼날이 되어 온몸을 사박사박 저며왔다.

나를 찾아 어디론지 떠나고 싶었다. 세상의 모든 것으로부터 탈출하고 싶었다. 내 어깨를 누르는 아이들도 떨궈내고 나는 자유롭게 훨훨 날고 싶었다.

무작정 집을 나서 열차를 탔다. 목적지는 없어도 좋았다. 이 도시로부터, 내 푸른 젊음을 삼킨 이 회색의 도시로부터 탈출만 하면 되는 거였다.

바람을 안고 찾아간 바다는 태풍과 어우러져 몸부림치고 있었다. 흰 머리채를 흔들면서 파도를 부추겨 바위를 후려치고 있었다. 항상 나를 감싸줄 것 같던, 내가 상상했던 바다가 아니었다. 자제력을 잃은 바다는 토악질하듯 품었던 모든 것을 뒤집어 갯벌에 쌓인 삶들을 죽음의 색깔로 핥고 있었다.

그러나 새파랗게 칼날 세워 달려드는 파도에 바위는 꿈쩍도 하지 않고 거기 그대로 서 있었다. 아니 눈 깜박하지 않고 맞서서 싸우고 있었다.

지칠 줄 모르던 파도의 포효가 갈매기의 끼룩거리는 울음 속으로 묻혀들었다. 바위는 지치지도 않은 듯이 태연했다. 순간 가슴속 밑바닥에서 삶에 대한 애착이 스멀스멀 피어올랐다.

나는 누구인가?

가슴 속에서 꿈틀대는 욕망의 정체는 무엇인가.

진정한 나의 모습은 한 장의 스냅 사진 속에 박힌 모습이 아닐 것이다. 점점 굵어지는 주름살 위로 함초롬히 자리잡는 또 다른 나의 모습, 가장 나다운 모습을 찾기 위해, 한 점 한으로 남아 있던 배움에 대한 열망을 채우기 위해 책가방을 챙겨야겠다고 생각했다.

저 멀리 까치노을 뒤로 뭉게뭉게 근심이 솟아났다. 아이들의 얼굴이 떠오르면서 마음이 먼저 회색도시로 달려가고 있었다.

돌아오지 않을 듯이 떠났던 나는 내 둥지로 다시 돌아왔다. 허망의 굴레를 벗어서 바다에 던져 버리고 딸에게 줄, 희망 닮은 소라껍질 하나를 주워 주머니에 넣고 왔다.

역 구내를 나서면서 무심히 바라 본 하늘에는 별이 총총히 빛나고 있었다. 우

밖으로 나서보지 않을래

가끔 네가 낯설 때가 있어
파리 한 마리가 거실을 날아다니고 있었지
그 소리에 신경을 곤두세운 너는
파리채를 찾아들더라
철을 놓쳐버린 파리는 소리만 요란할 뿐
오래 버틸 것 같진 않았어
성격도 참 어찌 그리 여유가 없는지

찜질방에서 풋잠이 들었다 깨었어
낯선 남자가 옆에 잠들어 있지 않았겠니
땀 밴 옷 밖으로 울퉁한 근육을 드러내고 있더라
순간 화들짝 놀라며 잠시 큰 숨 들이쉰
너는 배실배실 웃었지
정말이지 그 모습이 진짜 너였으면…
훨씬 인간적이라니까

강가의 어느 숙소에서 새벽에 눈을 뜨면

안개 자욱하고 서서히 깨어나는 강이
찬찬히 기지개 켜며 몸을 틀기 시작할 테지
저만치에 엊저녁 내렸던 그물 올리려
고깃배 다가오고 강 건너 풍경도 아슴푸레해지면
산도 섬이 되곤 하겠지
어때 밖으로 나서보지 않을래. 박

*수필 「내가 나에게 보내는 편지 -비켜서면 보이는 것들」

내가 나에게 보내는 편지

– 비켜서면 보이는 것들

난, 가끔 네가 너무 낯설 때가 있어. 기억나니. 지난겨울 입동 무렵이었지, 아마.

파리 한 마리가 거실에서 날고 있었지. 윙윙거리는 소리에 신경을 곤두세우고 너는 파리채를 찾아들더라. 철을 놓쳐버린 파리는 소리만 요란할 뿐 맥이 없어 그냥 두어도 그리 오래 버틸 것 같지 않았어.

'성격도 참…. 어찌 그리 여유가 없는지….'

쯧쯧, 나는 혀를 찼어. 파리 한 마리가 윙윙거린들 어떠니. 느긋하지 못하여 제 스스로 심관을 달달 볶는 너는 아무래도 수양을 더 쌓아야할 수밖에 다른 방도가 없어 보였어.

거 대충대충을 못하는 성격 말이야. 일을 시작하면 끝을 봐야하고 정리정돈 된 물건을 누군가 건드리면 파르르 성질머리를 보이곤 하지. 그리고 벽에 걸린 그림이 조금이라도 비뚤어진 것 같으면 금세 일어나 바로 잡아야만 직성이 풀리는 그 심성. 어디 그뿐인 줄 아니? 책 속에서 본 기억의 한

토막이 긴가민가하면 자다가도 벌떡 일어나 확인을 해야 하니 몸과 마음이 고달플 수밖에 없지. 그러니 잠인들 어디 편히 잘 수 있겠니. 일을 할 때도 혹시 실수할까봐 늘 긴장상태로 살얼음판을 걷듯 하잖아.

내 생각이 전해졌을까. 사실 너 무척 노력을 하더라. 쉽지는 않을 거야. 얼마 전의 네 모습은 참 인간적이긴 했어.

풋잠이 들었다 깨어보니 옆에 남자가 잠들어 있지 않았겠니. 땀에 밴 옷이 남자의 알맞은 근육을 엄청 드러내 주고 있더라. 순간 화들짝 놀라 일어서는 너의 행동은 웃음을 자아내게 했어. 다시 남자를 내려다보아도 당연히 낯선 얼굴이었지. 잠시의 큰 호흡을 들이 쉰 후 넌 배실배실 웃었지. 평소의 너와는 거리가 먼 그 모습이 차라리 진짜 너였으면 해. 찜질방에 가서 헐렁한 옷을 입고 낯모르는 남자 옆에서도 잠을 청할 수 있는 게 정말이지 훨씬 인간적이라니까. 자로 잰 듯 살아내며 초등학교 때의 선생님이 나쁜 짓이라고 한 것은 반세기가 되도록 절대 잊지 않으려고 노심초사하는 모습, 어디 숨 막혀서 살겠니.

이젠 네가 그토록 열망했지만 쉽게 떨치고 일어서지 못했던 미지로의 여행을 위해 과감해지기를 바라. 더러 일상에서 벗어나 낯선 것들이 숨을 죽이고 있는 곳에서 잠을 깨어도 좋겠지. 낯익은 물건들이 옥죄며 억압하는 느낌에서 벗어나는 일은 생각만으로도 통쾌하지 않니.

강가의 한 숙소에서 새벽에 눈을 뜨면 안개가 자욱하고 그 속에 다소곳이 잠들어 있는 풍경이 보일 거야. 굽이치는 산, 그 산에 기대어 둥지를 튼 마을, 강변을 따라 열을 맞춰 서 있는 나무들, 철로를 따라 새벽열차가 때마침 지나간다면 더 멋진 풍광이 될 것 같지 않니.

간밤에 여울을 이루며 흐르던 강물도 고이 잠들어 있는 곳, 막 잠에서 깨어나는 새들의 날갯짓하며, 그 모든 것들이 안개와 어우러져 몽환적 분위기를 만들어주어 마음을 더 사치스럽게 하겠지.

아마 강이 서서히 깨어나는 것도 보일거야. 그때쯤이면 전혀 움직임이 없던 강물이 찬찬히 부드럽게 일어나 몸을 틀기 시작할 테지. 수초들도 등지느러미를 세우느라 파르르 떨고, 바람도 그제야 나뭇잎을 건드리며 잦아들던 안개로 다시 솟구칠 거야. 저만치 강심에서 엊저녁에 드리운 그물을 끌어올리는 작은 배 한 척이 은은히 다가오고, 건너편의 풍경도 아슴푸레해지면 산도 섬이 되곤 하겠지.

어때, 스스로를 가두던 그 견고한 틀을 깨트리고 밖으로 나서지 않을래? 우

옴마니반메훔

여자는 옷을 벗고 있었다
부처가 빤히 내려다보는 곳에서 옷을 벗고
숫저운 표정을 짓고 있었다
하필 부처 앞에서 발가벗고 있다니

그 여름
햇살 눈 부시던 적멸보궁을 지키는
큰스님 앞에서 알몸으로 난해한 포즈를 잡던
목백일홍의 인상적인 광경을
나는 떠올렸다

한 사람,
선묘낭자의 사모하는 마음을 저버린 의상보다
요석공주의 사랑을 받아들인 원효를
나는 흠모한다
문천교(蚊川校) 아래로 떨어져, 그 밤
젖은 몸으로 요석궁에 들 핑곗거리를 만들던

그를 나는 외면할 수 없다

티베트 탄트라던가
남자의 지혜와 여자의 자비가 하나로 만나
완벽한 우주가 된다고 여기며
쾌락과 금욕을 같은 반열에 올려놓은
그 구도 길은 아니라도
옴마니반메훔!

옷을 벗어도 좋으리
어느 한쪽으로 치우침 없이 물이 흐르듯
상황을 끌어안는 그런 구도 자세로
이 속세에서 정말 속되지 않게 삶을 가꾸는

그 앞에서 나는. 박

*수필 「벗어도 좋으리」

벗어도 좋으리

여인은 벌거벗고 있었다. 그것도 부처님이 빤히 바라보는 곳에서 옷을 벗은 채 숫저운 표정을 짓고 있었다.

목아박물관 마당의 벌거벗은 여인이 집으로 돌아오는 나를 줄곧 따라붙었다. 그는 왜 하필 부처님 앞에서 옷을 벗고 있는 것일까.

바로 그때, 햇살이 눈부시던 어느 여름의 적멸보궁을 지키는 큰스님 앞에서 벗은 채 포즈를 취하고 있던 염치없는 목백일홍의 인상적인 광경이 떠올랐다. 어쩌라고? 어쩌라고 저토록 부끄러운 몸짓으로 맨몸을 드러내놓고 수도승 앞에 서 있단 말인가. 그해 여름날은 내가 몹시 애가 타 신열이 올랐다.

석가모니불 앞에 벗고 있던 여인과 큰스님 앞에서 맨살을 드러내 놓고 있던 목백일홍, 득도한 부처님이나 수행자에게 저들의 의미는 무엇일까.

창원 북면에 있는 백월산(白月山)에는 노힐부득과 달달박박의 전설이 전해진다.

옛날 옛적 백월산 아랫마을에 두 청년이 살았다. 그들은 뜻이 있어 속세를 버리고 산중으로 들어갔다. 수도 정진한 지 3년쯤 된 날, 절세 미모의 한 낭자가 박박을 찾아와 하룻밤 묵어가길 청했다. 수도하는 곳에 부정 타게끔 어찌 여인을 들일 것인가. 박박은 그녀의 청을 단호히 거절하고 문을 걸어 닿았다.

문전박대당한 그녀는 부득을 찾아간다. 부득은 그녀를 맞아들여 쉴 자리를 마련해 주었다. 청정을 제일로 하는 수도장이지만 중생을 구제하는 일 또한 보살행의 하나임을 그는 잊지 않았던 것이다. 여인은 밤이 깊어지자 몸이 불편하다며 도움을 청하고 목욕을 할 수 있게 해달라고 한다. 뿐인가, 그 물에 부득도 목욕을 하라니?

여인의 요청에 옷을 벗은 노힐부득이 물에 몸을 담그자 당장 온몸이 황금색으로 변하며 눈앞에 연화대가 나타난다. 성불을 한 것이다.

구도자 앞에 종종 모습을 드러내는 여인은 유혹의 화신인가, 득도에 이르게 하는 관음보살의 현신일런가.

황진이의 유혹에 넘어간 지족선사를 우리는 파계한 스님으로 웃음거리 삼아 이야기한다. 더불어 미인의 유혹에 꿈쩍하지 않았다는 서경덕은 되레 칭송한다. 여인의 미모에 동하지 않는 남자를 어찌 사내라 할까. 더더구나 여인의 곡진함을 무참히 외면한 일은 그야말로 얼마나 비인간적인가. 나는 신이 만든 예술품 중에 가장 아름답다는 여인을 외면한 서화

담보다 지족선사의 인간미에 더한 점수를 주고 싶다.

인간적인 정말로 인간적인 또 한 사람 원효. 문천교(蚊川校) 아래 떨어져 그 밤 젖은 몸으로 요석궁에 들 명분을 마련하는 원효의 인간미. 그래서 나는 선묘낭자의 사모하는 마음을 애써 모른 체한 의상보다는 요석공주의 사랑을 받아들인 원효를 흠모한다. 누가 요석궁으로 든 원효를 폄하할 수 있는가. 도리어 무엇에도 얽매이지 않았던 인간 원효를 흠모해야 마땅하리라.

도를 이룬 자의 마음으로 보살행을 행한 그의 치적을 일일이 나열할 필요는 없으리라. 승복을 벗고 스스로 소성거사(小姓居師)라며 백성들 속으로 들어간 원효. 그는 요석궁에서 나와 아무 거리낌 없이 살며 무애(無碍)의 경지에 들었던 것이다.

티베트의 밀교(탄트라 불교)에서는 고대로부터 남신과 여신이 교접하는 모습을 형상화한 불상을 숭배했다고 한다. 그들은 남자의 지혜와 여자의 자비가 합쳐져 완벽한 우주가 된다고 여겨 해탈이나 구도의 과정을 남녀의 교접에서 찾았다.

옴마니반메훔을 외고 남근상을 숭상하며 쾌락과 금욕을 같은 선 위에 놓은 그들과 다른, 우리의 방식으로 나타나는 여인의 모습은 참으로 내게 애틋한 정감마저 불러일으킨다.

어느 한쪽으로 치우침 없이 물 흐르듯 상황을 끌어안는 그런 자세로 속세에서 속되지 않게 사는 사람이 있다면 그 앞에서는 옷을 벗어도 좋으리. 우

갑곶리 탱자나무

동네 둘레가 탱자나무였다
가시를 키우면서 베풀기만 즐기던 나무였다

춘궁기 지나는 5월이면
탱자나무는 줄기 끝이나 가지 겨드랑이에
희망처럼 하이얀 꽃을 피워올리며
동네의 빈궁을 메워주었다

햇볕에 말리면 열매는 약재로
묘목은 귤나무 접 부치는 대목으로
가시울타리는 또 얼마나 든든한
담장 노릇을 했던가

그 탱자나무가 강화도 갑곶리 북방한계선을 향해
가시 세우고 천연기념물로 서 있었다. 박

*수필「탱자나무」

탱자나무

화창한 휴일, 감기 기운을 핑계 삼아 집에 있자니 머리가 더 지끈거리는 것 같아 길을 나섰다. 어디로 갈까 잠시 망설이다 강화도로 방향을 잡았다. 강화도만큼 역사적 유적이 많은 곳도 드물 것이다.

갑곶돈대와 곳곳에 상처처럼 남아 있는 외세 침략의 흔적과 피신처를 전전했던 왕조들의 발자취를 한데 모아놓은 박물관을 한 바퀴 돌아 나오다 성긴 모습으로 잔설에 발 담그고 홀로 서 있는 가시나무 한 그루와 마주쳤다. 조금 전에 보았던 여러 장면들을 싹 지우며 오롯이 파고드는 나무, 추억 속 내 고향에 지천으로 널려 있던 탱자나무가 이곳에 세월의 풍상을 이고 서 있었다.

이 갑곶리 탱자나무는 천연기념물이었다. 따뜻한 남쪽에서만 자라는 걸로 알려진 탱자나무가 강화도에 뿌리박음으로써 우리나라 서해안 북쪽 한계선이 이곳임을 입증해준다고 한다. 적군을 방어하기 위해 성벽 밑에 심었다는 안내문이 아니었더라도 나는 이 나무의 실용성을 익히 알고 있다.

가시를 키우면서도 절대 상대를 해코지할 줄 모르고 오로지 남을 위해 주기만 하는 나무. 열매는 약재로, 묘목은 귤나무를 접붙일 때 바탕이 되는 대목(臺木)으로, 가시울타리는 또 얼마나 든든한 담장 노릇을 했던가.

따뜻한 반도 남쪽, 우리 동네에는 집집의 담장이 탱자나무였다. 가난했던 시절, 춘궁기를 지나는 5월이면 탱자나무는 잎보다 먼저 줄기 끝이나 가지 겨드랑이에 하얀 꽃을 희망처럼 피웠다.

봄날의 그 찬란한 햇살 아래 꽃이 지면 우리는 조바심치듯 날짜를 헤아리며 그 곁을 맴돌았다. 탱자나무는 그때부터 양식과 맞바꾸어질 열매를 키웠기 때문이다. 아직 덜 익은 새파란 열매를 잘라 햇볕에 말리면 기실(지실: 枳實)이, 노란 열매를 따서 말리면 지각(枳殼)이란 한약재가 되어 그 시절 우리의 빈궁을 메워 주었다.

사라진 담장과 함께 기억에서 잊혀져가던 탱자나무와의 해후, 가난했지만 따스했던 그때의 정경이 아스라이 떠올랐다.

한결 맑아진 머리로 집으로 돌아오며 생각했다. 나는 지금까지 탱자나무처럼 살아본 적이 있는가? 그렇다고 억지를 쓰기에는 조금 염치가 없다.

내 가시로 남을 찌른 적이 없는가? 더러는 가시보다 더 날카로운 혀로 독설을 일삼았고, 내가 키운 열매라고 내 아이들에 대해서도 또 얼마나 욕심을 부렸는가. 튼튼한 담장이 되기는커녕 은근히 자식들이 내 담장이 되기를 바란 적도 있다.

또한 사회에서는 대목역할을 했는가. 그것도 자신할 수 없으니 나는 덜 익은 탱자 정도의 인간인가 싶다. 위로 삼을 것이 있다면 덜 익어도 기실이란 약재가 되는 탱자처럼 나도 어딘가에 쓰임 받는 사람이었으면 한다.

탱자가 노랗게 익을 무렵 보다 성숙해진 나의 자화상을 만나러 다시 한번 강화도에 가야겠다. 우

바람아래 들다

바람아래,
솔향기에 취한 섬의 끄트머리쯤에서
바람이 주는 썰렁함에 아래라는
방패막이가 외로움에 지쳐 찾아들면 누구든
가리지 않고 품어주는

겨울 들판은 비어있다
마른 춤 추는 갈밭을 지나 드넓은 갯벌
목선 한 척 그 너머 난바다의 청빛 해무 아련한데
아뿔싸, 물기 없는 갯벌 가로질러
난데없이 나타난 지프 한 대가 잠자는
겨울바다를 깨운다

그리움을 키우다 지쳐
동백잎마저 검자줏빛으로 멍들어 있는 산모롱이
돌아들면 용이 승천하며 모래언덕을 만들고
바람의 신으로 하여 평화로운 곳이라나

바다보다 창창한 뭍이 있고 뭍보다 더
단단한 바다를 대면할 수 있는
황폐해진 영혼을 그러안고 힘겹게 찾아들어도
그래 잘 왔다며 다독여 주는 곳
'바람아래'다. 박

*수필 「바람아래」

바람아래

목적지를 정하지 않고 나선 길, 솔향기에 취해 안면도를 한 바퀴 돌다 섬의 끄트머리쯤에서 눈에 띄는 지명을 발견했다.

'바람아래.'

입속으로 다시 음미해 본다. 계절 탓일런가. '바람'이 주는 썰렁함에 '아래'라는 방패막이가 합쳐져 외로움에 지쳐 찾아 들면 누구든 가리지 않고 품어주는 곳임에 틀림없으렷다.

표지판을 따라 바람아래로 찾아든다.

가남초등학교 앞에서 오른쪽, 빈 들판에 전봇대만 도열하여 소실점으로 보이는 긴 길을 따라간다. 단조롭게 먼 바다께로 뻗은 길을 두어 번 더 꺾자 서 있는 게 전봇대만이랴, 억새도 키를 한껏 돋우어 일렁인다.

겨울들판은 황량하게 비어있다. 지난가을의 그 풍성함은 어디다 몽땅 빼앗기고 철저히 빈 몸인가. 한군데 진득하게 몸 두지 않고 방황하는 바람을 붙잡지 못해 안달이라도 났는지 제풀에 지쳐 자신의 가슴을 꽁꽁 얼린 웅덩이. 아직도 겨울들녘에서 거둘 게 남았는지 추위도 아랑곳없는 강태공들이 얼음구멍에 낚싯대를 드리우고 있다.

그리움 키우다 지쳤나, 동백잎마저 검자줏빛으로 멍들어 있는 산모롱이를 돌아들자 거기가 바람아래다. 용(龍)이 승천하면서 조수 변화를 일으켜 긴 모래언덕을 만들고 바람의 신(神)으로 하여 평화로워진 곳이라나.

마른 춤을 추는 갈밭을 지나 저만큼 드넓은 갯벌에 목선 한 척이 한 폭의 풍경을 만들고 있다. 그 너머 섬 하나, 평지 같은 난바다, 모든 걸 감싸안고 있는 청빛 해무가 아련하다.

아뿔싸, 물기 없는 갯벌을 가로질러 난데없이 나타난 지프 한 대가 잠자고 있는 겨울바다를 깨운다.

바다보다 창창한 뭍이 있고 뭍보다 단단한 바다를 대할 수 있는 이곳. 황폐해진 영혼을 그러안고 힘겹게 찾아들어도 그래 잘 왔다며 다독여줄 것 같은 곳이 바로 이 바람아래다. 우

포레스트잖아요

그거 알아요?
세상살이 버거울 때 어딘가로 도망갈 곳
거기가 숲이란 사실 말이에요

거친 숨결이 느껴지나요?
평화로워 보여도 치열한 삶의 현장이랍니다
작은키나무와 풀들이 큰키나무 아래 엎드려 살면서
성장 잠시 미루고 남보다 꽃 먼저 피우는
그런 기지도 발휘합니다

사는 일이 힘겹다고요?
낮게 몸을 낮춘 질경이에게 한 수 배울 일입니다
제 분신을 더 멀리 보내려 길가로 나앉아
사람들 발길에 밟히길 주저하지 않는 그 애달픈
몸짓을 눈여겨볼 일입니다

눈물겹지 않아요?

흙 묻은 신발에 의지해 저 높은 꼭대기로 올라간다니
저만의 재주로는 한 발짝도 앞으로
나갈 수 없는데도 산등성이 타면서 춤사위 펼치는
질경이를 상상해 보세요

forest잖아요
힘들 땐 숲으로 들어가 보세요 나무와 풀과
그들의 숨결이 가르쳐줄 거예요. 박

*수필 「가르쳐 줄 거예요」

가르쳐 줄 거예요

저기, 저 있잖아요. 그거 알아요? 세상살이가 버거울 때 어딘가로 도망갈 곳, 그곳이 숲이란 사실 말이에요.

해피고지에 자리 잡은 청태산 잣나무 숲으로 들어섭니다. 벌써 달갑잖은 침입자를 눈치 챘나 보군요. 청빛 이내 닮은 나무들의 거친 숨결이 느껴집니다.

그들은 상처가 나면 스스로 치유를 한다네요. 미생물을 죽이는 피톤치드를 내뿜고 진액으로 상처 부위를 감싼다지요. 나무들이 살아남기 위해 몸부림을 치며 뿜는 그 기운을 우리 인간들은 몸에 좋다고 즐깁니다. 참 아이러니한 일이지만 어쩌겠어요. 세상살이가 다 그런걸요, 뭐. 누군가의 희생이 다른 이의 행복에 밑거름이 되기도 하잖아요.

평화로워 보이는 이 숲도 치열한 삶의 현장입니다. 얽히고 설킨 관계에서도 나름의 생존법칙은 있답니다. 작은키나무나 풀들이 큰키나무 아래서 사는 법. 그늘진 곳에서 한조각의 햇빛을 위해 어떻게 해야 하는지를요. 그래서 성장은 잠시 미뤄두고 남보다 먼저 꽃을 피우는 지혜를 발휘합니다.

식물은 필요한 양분 말고도 훨씬 더 많은 양의 여분을 만든답니다. 누군가에게 베풀어야 자신도 살아남는다는 사실을, 그것은 희생이 아닌 되돌려 받는 돌고 도는 연쇄작용임을 일찌감치 알아챈 것이지요. 나누어야 커지는 그 당연한 이치를 왜 사람들은 자꾸 외면하려 할까요.

살아가는 일이 아주 힘겹다고요? 그럼 낮게 몸을 낮춘 질경이에게 한 수 배울 일입니다. 어떤 악조건에서도 살아남는 방법을 그들은 알고 있으니까요. 자신의 분신을 좀 더 멀리 보내기 위해 길가로 나앉아 사람들의 발길에 밟히기를 주저하지 않는 그 애달픈 몸짓을 눈여겨 볼 일입니다. 그들의 꿈은 한결같이 멀리멀리 가는 것이지요. 스스로의 힘으로는 한 발짝도 앞으로 나갈 수 없는데도 이상(理想)을 키우기를 주저하지 않는 질경이. 더러는 흙 묻은 신발에 의지해 저 높은 꼭대기까지 이동한다니 참 눈물겹지 않아요. 등성이를 타면서 희열에 찬 춤사위를 펼치는 질경이를 상상해 보세요. 불가능 속에도 꿈의 씨앗이 있다는 것은 참 아름다운 일 아닐까요.

사는 일이 힘에 부치면 숲으로 들어가 보세요. 나무와 풀이 가르쳐 줄 거예요. 우

옷깃을 스치며

토함산 동쪽 수풀을 헤치며
능선의 끝을 향해 가파른 길을 올랐다

하늘이 뚫리고 땅의 꼭지와 맞닿은 곳
바람에 맨살 씻으며 장항리사지 황톳빛 5층석탑이
뜨거운 숨결로 자리 지키고 서 있다

"우리 조금만 일찍 만났더라면…."
머리 없는 몸뚱이를 절벽 모퉁이 돌비알에 의지한 채
산 아래만 굽어보던 석불좌상이 말을 건넨다

아직도 찾지 못한 분신은 어디에서
자신을 드러내려고 안간힘을 쓰고 있을까

추령고개 뻐꾹새 울음소리가 가던 길을 멈춘다
어디서 왔는지 호랑나비 한 마리 날갯짓하며
자욱이 몰려든 안개를 안고 다시 길을 재촉한다

'아무렴 어떤가요'
이제라도 닿은 인연에 나는 목이 메었다. 박

*수필 「'나'를 그리는 소리」

'나'를 그리는 소리

들리지 않는 소리에 끌려 길을 나선다.

토함산 동쪽 능선이 끝나는 지점, 골 깊은 개울 건너 수풀을 헤치고 코를 땅에 박다시피 하며 오른다. 어느 순간 하늘이 뻥 뚫린다. 감탄사가 절로 터진다. 바로 거기, 신라인의 숨결이 있다. 먼먼 옛적 사람의 손길이 멈추어 있다.

바람에 살을 씻으며 서 있는 황톳빛 석탑, 장항리사지 5층석탑이다. 도굴꾼들에 의해 폭파된 석탑을 겨우 모아놓았으니 엉성하기 짝이 없다. 몸돌에 쇠고리의 장식까지 새긴 문을 인왕상이 눈을 부라리며 양쪽에서 지키고 있지만 탐욕의 손을 막기에는 역부족이었나 보다. 찾지 못한 나머지 분신들은 어디에서 자신을 드러내려고 안간힘을 쓰고 있을까. 투명한 잉크를 군데군데 듬뿍 풀어놓은 듯한 하고초가 삭막한 정경을 그나마 위로해준다.

이들의 자취만으로는 직성이 풀리지 않아 다시 남산의 귀퉁이를 오른다.

개울가 돌비알에 기대어 선 석불여래좌상을 올려다본다.

늘씬한 신체에 양 어깨에 걸친 얇은 가사의 주름이 산들바람에도 펄럭일 듯하다. 왼손은 손바닥을 펴 결가부좌한 발 위에 놓고 오른 손가락은 땅을 가리킨다. 원래 이 손모양은 부처님이 보리수 아래서 성도하실 때 마군을 항복시키고 지신(地神)으로 하여금 증명하게 한 데서 유래하여 항마촉지인(降魔觸地印)이라 한단다.

그런데 이곳의 여래상도 머리를 잃어버리고 몸뚱이로만 있다. 뿐만 아니라 경주박물관 뜰에도 신체의 일부가 떨어져나간 부처들이 많다. 나는 이들을 볼 때마다 안타깝다. 떨어져나간 몸의 일부를 애절하게 그리고 있을 터인데 우리의 무디고 어리석은 귀로는 알아들을 수 없는 것은 아닌지.

눈보라와 비바람에 자연적으로 훼손된 경우도 있지만 더러는 사람의 손에 의해 내동댕이쳐졌다고 하니 더욱 그렇다. 이유야 어찌됐든 원래 한 몸이 따로 따로 떨어졌으니 그리움과 기원이 오죽하랴. 그 염원이 하늘에 닿았는지 목이 잘린 채 수세기 동안 방치되었던 불상의 머리가 바위틈에서 발견되어 1,200년 만에 제 모습을 찾았다는 소식도 있다. 어쩌면 이 여래상도 지금 이 순간 간절히 잃어버린 제 몸뚱이를 부르고 있는지 모른다.

그가 말했다.

"우리가 조금만 더 일찍 만났더라면 좋았을 것을…."

그 말이 내게는 '좀 더 젊었을 때, 좀 더 경제적인 여유가 있었을 때 만났으면 너를 위해 뭔가를 해 줄 수 있었을 텐데'라는 뜻으로 전해져 콧등이 시큰했다. 불가에서는 부부의 연이 닿으려면 8천 억겁을 기다려야 된다고 한다. 어쩌면 그는 억겁의 세월에 비해 우리에게 주어진 시간이 턱없이 짧음을 아쉬워해서일 것이다. 아무려면 어떤가. 기나긴 시간이 흘렀을망정 머리를 찾은 불상처럼 이제라도 닿은 우리의 인연에 나는 목이 메는 걸.

추령고개에서 뻐꾹새 울음소리에 길을 멈춘다. 어디서 날아왔는지 호랑나비 한 마리 날갯짓하며 꿈을 보태고 자욱이 몰려온 안개에 밀려 다시 길을 재촉한다. 우

4.

찔레꽃 필 무렵

산 아래 집에는 돌배나무 앵두나무 산벚나무가 울타리로 빙 둘러서 있었지요 변덕 심한 산 날씨가 모처럼 좋은 날 일찌감치 아이들 아침밥 배부르게 먹여놓고 산막이나 손본다며 뒷산에 올라간 아빠 뒤쫓아 나선 엄마는 건넛산 꽃노을 마저 보려는지 점심에도 저녁이 가까워도 내려오지 않고 있었지요 땀 절어 문고리에 걸어 놓은 아빠 등거리가 채 마르지 않은 걸까요 엄마 좋아하는 찔레꽃 품속으로 징징거리며 파고드는 꽃벌들 투정에 넋이 나갔는지 모를 일이지요

방문 열어놓고 졸던 아이들이 손가락을 빨며 뒷산 쪽으로 자꾸만 눈길을 돌렸지요 이파리 하나 흔들지 않고 지켜보던 울타리 나무들이 재빨리 부엌 거적문을 젖히고 들어가 엄마가 차지게 뭉쳐놓은 조막만한 주먹밥 한 덩이씩 아이들 침 묻은 손에 쥐어주었지요 그러고는 땅거미 지기 전인데도 바깥으로 웃자라 뻗은 헛가지 난간에 붉은 등 하나씩 내걸기 시작했지요 그새 꽃바람 편에 들려 보낸 엄마의 기별이 당도한 걸까요 그날이 달 없는 날인 줄 알았는지 모를 일이지요. **박**

정선 장 서는 날

눈 녹인 동강 물살을 거슬러 거슬러 강바닥에 나뒹구는 조막만한 돌멩이 속까지 들춰 보았답니다 성가신 내장덩이는 훌러덩 빼 던지고 물 씻긴 발자국만 더듬어 더듬어 산빛으로 강빛으로 몸뚱이 물들였답니다 가슴 한복판에 가물대는 촛불 하나 기어쿠 살려보자고 소나무 뗏배 끌며 밀며 어미는 바다를 찾아 나갔답니다 강 건너 산기슭에서 진달래가 이파리 없이 꽃송이 먼저 피워올린 날 간고등어 두 마리 장터거리 김씨네 비좁은 좌판 귀퉁이에 나란히 엎드려 남쪽 바다 개볼락 쏙 빼닮은 아우라지 쏘가리 옆구리에 짜디짠 콧잔등이 바짝 들이밀고 엄마, 엄마, 강 비린내 맡고 있습니다. 박

가을산에 가시거든

가을 산에 가시거든 먼저 숲 어두운 곳 찾아 몸 낮추고 오랫동안 침묵에 익숙한 것들과 천천히 아주 천천히 마주해야 해요 눈 시린 화려함에 묻혀 보이지 않던 꾸밈없어 고운 빛깔들을 찾아내야 해요 산비탈 콧잔등이에 올라서서 소리쳐도 들뜬 바람 소리에 묻혀 들리지 않던 체념 속에 잦아든 그 웅얼거림을 고향 내려와 어릴 적 소꿉동무 만난 듯 귀 모으고 가득 담아내야 해요

가을 산에 가시거든 그 산 발치께 낮게 턱 괴고 엎드려 닫혀있던 가슴을 밝게 아주 밝게 열어놓아야 해요 사는 일이 돌아보니 죄 허당이더라고 안개 속 곳곳에 꾹꾹 눌러 묻어놓은 끝내 내보일 수 없던 불그레한 작은 것들의 아픈 눈빛과 속울음이 색 바랜 풀잎으로 싸한 골바람 소리로 밑에서부터 가만가만 다가오면 집 떠났다 막 돌아온 누이를 얼싸안듯 한 몸으로 와락 끌어안아야 해요. 박

올창이국시

사람 하나 보고 왔시유 츰에는 아이덜 핵교 보낼 요량으로 송아지 두어 마리 쳤쥬 근디 쇳값이 똥값이 되니 으떻해유 시집올 때 받은 금반지 금목걸이 여남은 돈 몽땅 내다팔어 국시집 냈지유 고것들 장롱 속에 꼭꼭 뫼셔 놔 봤자 별수 있나유 여기 옥시기가 원채 유명하잖유 아이덜 아부지유? 하이고 말두 말아유 그 인간 여태 살아 있으면 지가 이 고상을 했것어유 그려두 요 올창이국시가 우리 집 가장 노릇지대로 해왔구먼유 얼매나 든든헌지 몰라유 국시가 생긴 모양새는 그려두 맛 하나는 기가 맥혀유 미끈미끈혀서 목으로 잘두 넘어가구유 보아허니 고향분 같은디 뭐니뭐니 혀도 손맛은 우리 그기 여자덜이 최고잖유? 오늘은 손도 많지 않은디 국시 웬만치 끓여 놨응께 모지르면 찬찬히 더 들구 가셔유 비도 오는디 바쁠 거 뭐 있것어유. 박

소설가를 만나러 갔다

모밀밭은 늦게까지 햇빛이 눈부셨다 "반평생을 같이 지내온 짐승이었다. 같은 주막에서 잠자고, 같은 달빛에 젖으면서 장에서 장으로 걸어 다니는 동안에 이십 년의 세월이 사람과 짐승을 같이 늙게 했다···" 소설가는 쓰다만 원고를 던져 놓고 집을 비웠고 허 생원도 보이지 않았다 집 밖에서는 아직 앳돼 보이는 어미들이 애 아비를 찾으러 왔는지 어린 것을 등에 업고 더러는 손으로 끌고 문간 안으로 하얗게 분칠한 얼굴을 삐죽삐죽 디밀고 있었다 소설가는 허 생원을 따라 제천장에 갔다고도 하고 술값이 궁해져 써두었던 원고 뭉치를 싸 들고 박달재 넘어 서울까지 들렀다 온다고도 하는데 언제 귀가할지는 모른다고 했다 봉평장 쪽으로 발걸음을 옮기면서 충줏집에 들러 막걸리 한 주전자 시켜 놓고 혹 장터 어디에 발정 난 나귀 앞세워 먼저 와있을지도 모를 허 생원이나 만나 왼손잽이 동이는 무얼 하며 지내는지, 동이 어미와 기별은 주고받는지, 남은 생生도 글쟁이 손끝에 맡겨 놓고 살 것인지, 그만하면 이젠 시 나부랭이라도 긁적여야 하지 않겠는지, 이참에 몇 가지 궁금한 일을 물어봐야겠다고 생각했다 서둘러 산모퉁이를 돌아 봉평장으로 내려가는 개울길 옆 방앗간에서는 퍼렇게 물때 오른 물레방아 혼자서 쿵쿵 쿵쿵 마른 모밀을 찧어대고 있었다. 박

헤어질 결심

싼 맛에 홀려 떠돌이 장사치에게서 사들인 통통한 죽부인을 꼬옥 끌어안고 달아난 잠 불러보는데 자꾸만 허벅지 안쪽을 짓찌르며 꼴값을 떤다 조심조심 어둠 속을 더듬어 가니 얄따랗게 찢겨 비어져 나온 댓개비 너부렁이가 내 무딘 손끝을 껄끄럽게 거스른다 예민해진 기분에 벌떡, 잠자리 털고 일어나 앉아 팔려 온 곳을 채근하니 저 바다 건너 어디란다

찜부럭한 열대야에
잠 못 드는 밤이 하루 더 길어진다
고연 것! **박**

돌무덤

동네 어귀 성황당 고갯길엔 돌무덤 하나 숨어있다 육이오 때 총 맞아 죽은 어린 인민군 병사가 돌아가지 못한 고향 쪽만 밤낮 바라보고 있다고도 하고 전쟁 통에 숨어들었다가 억울하게 돌 맞아 죽은 문둥이 처자가 눈 감지 못하고 섧게 흐느끼며 산다고도 한다 아이들 돌멩이 주워 던지며 도망질치는 일 다반사고 나이 든 어른들은 해코지가 무서워 등 돌린 채 동동걸음으로 멀어지기 일쑤란다 늙은 산장미 두 그루가 돌무덤 곁에 뒤엉켜 살면서 봄이 오면 돌무덤에 꽃 지붕 올리고 늦가을 무서리에 놀라 꽃잎 떨어지면 가시울타리 빙 둘러놓고 가슴 쓸어내린다 오늘처럼 풀벌레들 날아와 울어주는 달빛 밝은 밤에는 산노루 한 마리 한참을 앉아 있다 간다. 박

"수취인불명"

며칠째 더위가 기승을 부리며 숨 막히게 하더니 뜻밖에도 천둥과 함께 소나기가 세차게 쏟아집니다. 잠깐이겠지만 참 후련한 기분입니다. 퇴근길에 일껏 비싼 값을 치르고 단행한 어제의 자동차 손 세차가 그다지 억울하다는 생각이 들지 않네요. 요즘 들어 기후양상이 많이 바뀐 듯하여 가끔 당혹스러운 때가 있습니다. 갈수록 가늠하기 어려운 것이 무례하고 변덕 심해지는 우리 주위 같기만 합니다. 언제부터일까요? 사람들을 부딪쳐 적응하기가 쉽지 않습니다. 그러나 어쩌겠나요. 나이 탓이려니 체념하며 지낼 밖에요. 그래도 갑작스레 내려주는 소나기 같은 당신 모습이 있어 음습한 무더위도 그런 사람도 얼굴 돌리지 않고 견딜 수 있으니 참으로 다행이지요. 빗물이 튀어 자동차가 조금 더러워진다고 뭐 어떤가요. 당신의 우렁찬 호통 소리에 저들 표정이 잠시 일그러진들 어디 대순가요. 이제는 먼 기억으로나 회상해 봅니다. 당신의 단호함은 많은 사람을 멀어지게 했지요. 작은 흠결도 지나치지 못하는 당신이 안타깝게 느껴지기도 했습니다. 그런데 말입니다. 언젠가 한 학기 강의를 마치면서 참을성으로 경청해 준 학생들에게 허리 굽히고 고마움을 말하는 당신을 훔쳐보았습니다. 아! 매사에 엄격하기만 하던 당신이…, 참 뭉클한 장면이었지요. 그렇지요. 가르치는 일은 곧 배우는 일이지요. 그렇게 더불어 커가는 것이겠지요. 이즈음엔 작은 일에 자주 예민해집니다. 더러는 자신이 무슨 일을 하고 있는지 안절부절못할 때가 있습니다. 하는 일 외에는 딱히 해야 할 일이 없는 듯한데 말입니다. 시인처럼 '구름에 달 가듯이' 사는 것이 순리 같기는 합니다. 그렇지만 생각처럼 쉽지 않은 듯합니다. 욕망 찌꺼기가 여태 남아있는 탓일까요. 타인의 눈길과 인정에만 매달려 자신의 존재함을 느껴야 하는 본질적인 속성 때문인지 모르겠습니다. 나 아닌 나를 나라고 믿으며 살아가는 그런 존재 말입니다. 비 그치니 더위가 여전합니다. 소나기 한차례 더 퍼부으면 좋겠습니다. 사실 허구한 날 먹구름 속에서 소나기는 억울했을 겁니다. 그래서 가끔은 시끄럽게 천둥을 동반하는 것이지요. 저물녘에 당신의 그 카랑카랑한 호통 소리로 함께 만날 수 있으면 모처럼 청량한 밤이 될 것 같네요. 박

후밋길

산허리 베고 휘우듬히 돌아내려야 좋다 숨 가쁜 길은 여유를 빼앗아 언짢고 만만한 길은 잡념을 만들어 편치 않다 길이 급하게 꺾어 들면 자꾸만 눈길을 막아서서 거슬리고 낙엽수들 궁금한 눈빛으로 바짝 늘어선 길섶 나무 밑동 사이로 한해살이풀과 산꽃들이 얼굴 살짝살짝 드러내면 걸음 더디게 만든다 그럴 땐 발밑에 삐죽삐죽 도드라져 올라 엄지발가락 깨물어 대는 돌부리들 돌보며 걸어야 한다 발길 되돌릴 즈음엔 계곡물 줄여 흐르는 실개울 하나 만나면 더할 나위 없이 기껍고 그 곁에 나 혼자 앉을 만큼만 너른 바윗돌 두엇 보이면 은근히 사랑스럽다 겁 많은 산짐승도 오가는 길머리에 꾹꾹 눌러 찍은 신발 자국들 널브러지면 천박해 보여 언짢고 온종일 인적 드문 길은 매력 잃어 보여 안쓰럽다 길폭 좁아진 내리막에서 서로 놀라 비켜선 낯선 사람과 뜻 없이 눈인사 나누면 마음 따뜻해진다 그 사람 등 뒤로 멀어지는 길 우두커니 바라볼 수 있으면 속 깊은 길이다 지금쯤 키 낮추기 시작한 산에 된서리 대신 이른 첫눈 듬뿍 덮여 숫눈길이 되어 있을, 먹이를 찾아 내려온 절간 뒷길에서 나이 든 고라니 한 마리 문득 걸음 멈추고 깊이 찍힌 제 발자국들 살고마니 돌아보고 있을 것이다. 박

서로에게 소중한

살아가면서 누구에게나 하나같이 중요해지는 문제가 있다면 '관계'를 맺는 일이 아닌가 생각한다. 관계는 우리가 만나게 되는 다양한 대상들을 각별한 의미로 이어주는 역할을 하면서 삶 자체를 지배한다. 그러나 관계는 다정한 모습만을 보여주지 않는다. 때로는 서로를 모질게 헐뜯고 괴롭히는 고약한 얼굴을 드러내기도 한다.

이즈음처럼 각박한 일상에서 사람들이 서로를 따뜻하게 보듬으면서 고운 관계를 만들어 간다면 누구나 타인의 삶에 위안과 활력을 주는 귀한 존재가 될 것이다. 생텍쥐페리의 어린 왕자도 우리에게 속삭이지 않던가. "장미를 위해 네가 들인 시간만큼 장미는 너에게 소중해지는 거야… 사막이 아름다운 건 어딘가에 오아시스를 숨기고 있기 때문이지"

비바람 그친 뒤 지붕에서 굴러내리는 물방울과 처마 밑에서 그것을 받아내는 양동이는 서로 부딪치며 이는 파문을 통하여 교감하고 자각하면서 서로에게 소중하게 다가간다. 둘 사이에 꾸밈없이 느낄 수 있는 맑고 소박한 마음이 아니면 어려운 일이다. 정말 소중한 것은 눈에는 보이지 않는 법이다.

비가 그치고
처마 밑 양동이 속으로
물방울이 떨어진다

그 모양 그 울림 모두 일정한데
수면 위에 그려지는 파문은
매번 다르다

한참 후에야 알았다
그에게 몸을 던진 물방울과
그를 받아 안은 양동이의 생각을. 박

쓰다 만 편지

키 작아 앞자리 독차지하고 앉아서 입술 붉어 뽀얀 그 얼굴만 정신없이 바라보던 국민학교 4학년 3반 구본선 담임선생님께, 옆자리에서 졸며 내 빈 공책만 베껴 가던 향지리 대나무집 서봉원에게, 금요일 오후 낮아진 여고 담벼락 타다가 체육 선생에게 걸려 나 대신 귀 잡고 쪼그려뛰기하던 중학교 1학년 2반 채성규에게

산들만 첩첩 모여 놀고 있는 최전방 펀치볼에서 별빛 훔치는 밤 안면도 늙은 어머니 얼굴 찾아내고 주르르 눈물 쏟던 제2분대 탄약수 최종남 이병에게, 연구 실적이 모자라 재임용 떨어지고 흐린 주말 이슬비만 데리고 나와 211호 사회관 연구실 빈 책장 정리하던 근속 4년 차 김 교수와 어린 숫자들에게

할아버지 적적한 손에 딸려 첫 새끼를 읍내 우시장에 보내 놓고 하루 종일 끼니 거부하며 사립짝만 바라보던 문간방 어미 소에게, 달빛 어두운 밤 문득 겨울 바다가

죽도록 보고 싶어져 달려간 속초 중앙시장 지하 진숙이네횟집에서 길이 멀어 파도 소리 불러 놓고 소주잔 내밀며 울먹거리던 젊은 남자에게. 박

책끝에

예술로서의 문학은 작가가 그려내는 삶의 표정을 독자가 자기의 체험으로 몰입하면서 공감하고 감동할 수 있게 구성되어야 한다. 또한 작가의 감성을 축약하고 그 순수성을 걸러 보여줌으로써 독자에게 자신이 동경하는 삶을 다의적으로 체험하는 기회를 제공해야 한다.

따라서 시와 수필이 좋은 작품이 되기 위해서는 창의적이고 솔직해야 한다. 작가의 체험적 서사나 사건 또는 특정 사물에 대한 감성을 문학적 상상력을 동원하여 흥미롭게 묘사하면서, 상징과 은유를 통해 독자를 깨달음과 감동의 심연으로 이끌어야 한다.

파스텔화처럼 언어의 경계가 부드러운 무드(mood)가 있는 수필에서 몇 문장 골라내어 운율로 채색하면 서정성 짙은 한 편의 시로 재해석되고, 시의 언어를 삶의 궤적에 얹어 밀면서 상상의 나래를 퍼덕이면 서사적 표현이 아름다운 수필의 문체로 읽힐 것이다. 산문이든 운문이든 그 속에 숨겨진 그러한 변용의 멋과 맛이 바로 고도의 예술적 문학성이라고 할 것이다.

영국의 미학자 키이란(Matthew Kieran) 교수는 '좋은 예술작품이란 '여러 방식으로 감상할 수 있고 상상력의 지평을 넓히면서 삶에 대한 통찰과 이해를 풍부하게 해 주는, 낯설고 거북할지도 모르는 작품'이라고 말한다(Revealing Art, 2005). 21세기에 예술의 경계가 더욱 모호해지고 있는 것은 생경하거나 때로는 불편하지만 경험의 확장이라는 문제의식으로 마음에 와 닿는 작품을 창출하기 위해 발상을 뒤집고 한계를 넘어서려는 예술가들의 다양한 시도가 이루어지고 있기 때문이다.

이 책은 문학 작품의 창작에 대해 같은 생각을 가진 작가들이 어울려 협업(collaboration)한 결과물이다. 독자들은 수필과 그것을 문학적 변용을 거쳐 재해석한 시가 한데 어우러지는 색다른 모습을 감상할 수 있을 것이다.

저자들은 일단 이 같은 협업의 호불호나 작품에 대한 평가에는 연연하지 않으려고 한다. 다만 미미하여 눈에 안 띌지도 모르는 이 탐색적 시도가 예술의 융·복합시대에 문학의 장에서도 한몫할 수 있는 손짓이 될는지 참을성으로 기다려볼 가치는 충분하다는 생각이다.

저 자